민주당이
이기는 법

가치 선거 매뉴얼

지은이 홍종학

경제학 박사. 연세대학교와 캘리포니아 대학교(샌디에이고)에서 경제학을 공부하고 가천대학교 교수로 재직했다. 19대 국회의원과 초대 중소벤처기업부 장관을 역임했다.

경실련 재벌개혁위원장과 정책위원장, 경제정의연구소장으로 시민사회가 추진하는 경제, 사회정책을 익혔다. 국회 기획재정위원으로 조세재정 정책을 통해 경제민주화 정책을 추진했다. 민주당의 민주연구원 부원장과 정책위원회 부의장을 역임하며 정당의 정책 활동 전반을 파악할 수 있었다. 민주당 소통본부장으로 당원들의 소통 조직을 구축하기도 했다. 문재인 대통령 후보 캠프의 정책 본부장으로 정책 공약을 총괄했다. 이러한 경험을 바탕으로 선거 전략과 정책, 소통을 종합적으로 추진하는 능력을 쌓았다. 초대 중소벤처기업부 장관으로 소상공인과 중소기업을 정책의 핵심적 대상으로 설정하는 데 기여했으며, 한국 경제의 성장을 위한 새로운 혁신 정책을 설계했다. 최근 혁신 이론가로 강연과 저술 활동을 이어가고 있다.

저서로는 'K-이노베이션', '성장친화형 진보'(번역서), '한국경제 새판 짜기' 등이 있다.

민주당이 이기는 법

가치 선거 매뉴얼

홍종학 지음

미들하우스

목차

여의도에는 선거 매뉴얼이 없다

정치인들은 왜 저럴까?

흔히들 정치인을 이해하기 어렵다고 한다. 막상 내가 정치를 시작하면서 정치인들을 만나보니 외부의 시각과는 다른 점이 많았다. 매사가 모범적이라서 존경할 만한 정치인이 많았다. 특히 민주당의 정치인들은 서민적이었고 거들먹거리는 사람도 많지 않았다. 그런데도 대중의 비난을 받는 것이 오히려 이상했다. 나도 정치인이 되었으니 벌써 팔이 안으로 굽어 그렇게 보이는지도 모르겠다.

반면 내가 이해하기 어려운 점은 따로 있었다. 역사가 오래된 정당인데, 일 처리가 매끄럽지 못했다.

"여의도에는 매뉴얼이 없어."
"그럼, 일을 어떻게 해?"

회사에 다니던 친구들은 반문할 수밖에 없다. 회사에 처음 들어가면 매뉴얼을 익히기에 바쁘고, 새로운 일이면 매뉴얼을 만들어 놓아야 사람이 바뀌어도 일이 돌아간다.

"왜 그, '내가 해 봐서 아는데' 있잖아……."

그러면 다들 끄덕끄덕한다. 국회에서는 나이보다는 몇 번 의원을 했는가가 우선이다. 매뉴얼이 없다 보니 정치가 권위주의적이 될 수밖에 없다는 게 내 나름의 진단이다. 정치인에게 선거는 가장 중요한 업무일 것이다. 선거를 통해 국민의 선택을 받아야 일을 할 수 있다.

"선거 매뉴얼 없어요?"
"없는 거로 알고 있는데요."
"뭐, 참고서적이라도 있을 거 아니에요?"
"별 도움이 안 될 건데요……."

흠, 매뉴얼이 없다면 서로 아는 지식을 공유라도 하면 낫겠지.
"그럼, 선거 워크숍을 합시다."

비례대표 국회의원이 벌써 지역 선거 출마 생각이나 하고 있나 갸우뚱하는 비서들을 부추겨 워크숍을 열었다. 주위에 알아보니 민주당 최고의 선거 기술자는 민병두 의원이었다.

"전설의 민병두예요."

"전설요?"

"지역 유권자를 감동하게 한 모범 사례예요. 맨발로 지역을 누벼서 거함 홍준표를 침몰시켰잖아요."

처음 강연자로 민병두 의원을 초대했다. 신발이 떨어져라, 동대문의 사무실 하나하나를 방문하며 문전박대를 당하던 일, 술 취한 유권자의 강권에 술에 취했어도 정신력으로 버티던 일, 4년간의 고생 끝에 결국 불가능하다는 지역구에서 승리한 일이 마치 한편의 무협 영화를 보는 듯했다. 어찌나 감동적이었던지 지역 주민들과 어울리는 모습을 보기 위해 현장 실습까지 했다.

두 번째 강연자로는 영등포의 김영주 의원을 추천받았다.

"영등포에는 산이 없잖아요. 그래서 명함에도 산을 넣었어요."

명함 하나에도 신경을 쓰는 섬세함을 바탕으로 탄탄한 조직을 운영하고 있었다. 많지 않은 지역구 여성 정치인으로서의 경험을 생생하게 들을 수 있었다. 이런 경험들을 잘 정리해서 책으로 내면 정치 신인들에게 좋은 매뉴얼이 될 수 있으리라 생각했다.

그런데 워크숍은 활성화되지 못하고 결국 이어가지 못했다. 여러 가지 정치 일정상 바쁜 탓도 있었지만, 매뉴얼의 중요성에 관한 생각의 차이 때문일 것이다.

아수라장 선거 캠프

이런저런 선거 캠프에 참여하게 되면서, 정치가 정말 이상하게 느껴졌다.

"아니, 선거 한 두 번 치러요? 왜 이렇게 엉망이에요?"
"원래 그래요. 곧 익숙해지실 거예요."

수없이 많은 선거를 치른 정당답지 않게 선거 때마다 선거 캠프는 아수라장 그 자체였다. 외부에서 보는 것과는 달리 선거 때만 되면 오는 서커스단과 같은 느낌이었다. 대통령 선거나 국회의원 선거와 같이 큰 선거를 치를 때도 우왕좌왕하는데, 지방 의원 선거는 어떻겠는가? 거의 후보 개인이 알아서 해야 했다. 후보가 정치 신인이면 유세는 시늉만 내는 곳도 있었다. 현장은 더 즉흥적이었다. 모두 열정적으로 즐기면서 춤추고 유세하는 게 다행이었다.

주먹구구식으로 선거를 치르다 보니 발전이 있을 수 없다. 기업이라면 선거가 끝나면 공과를 따져서 다음 선거의 교훈으로 삼을 것이다. 캠페인 청사진에 의해 선거를 치르지 않았으니 평가가 제대로 이루어지기 힘들다. 생산적인 선거 평가를 접하기 어려운 이유다. 나는 교수 출신답게 교과서적인 질문을 던졌다.

"선거에서 졌으면 평가해야 하는 것 아니에요? 왜 안 하죠?"

이런저런 궁색한 답변이 돌아온다.

"평가 기준이 있어야 평가를 하죠? 평가하면 뭘 해요. 다음 선거 치를 때는 또 다른 사람들이 할 텐데요."

이른바 거대 정당의 모습이 이렇다는 게 믿기 힘들었다. 선거 평가는 더 잘하기 위한 것이 아니라, 정당 내 세력 간 책임 소재 공방으로 흐를 가능성이 컸다. 괜히 평가한답시고 분란을 일으키면 안 하느니만 못하다는 의견이 많았다. 정당들이 모두 유사한 상황이다. 발전하기 어려운 구조인데, 문제의식을 느낀 사람들이 많지 않다.

민주당원과 지지자들을 위한 선거 매뉴얼

매뉴얼이 없어서 가장 큰 피해를 보는 사람들은 청년 정치인들이다. 새롭게 정치에 뛰어든 청년들로서는 큰 모험을 한 셈인데, 앞서간 선배들이 남겨 놓은 것이 없다 보니 항상 맨땅에서 시작해야 한다.

이런저런 교육이 이루어지고 있는데, 선거 관련해서는 대부분 절차나 법을 설명하는 것에 그치고 있다. 그래서 얼마 전에 '가치 선거로 이기는 법'에 대해 강의를 시작했다. 여러 차례 강의하면서 수강생들의 의견을 듣고 수정하며 강의안을 다듬었다. 책으로 냈으면 좋겠다는 수강생들의 의견이 많아 제8회 지방선거를 앞두고 급하게 책으로 내기로 했다.

이 책은 민주당 후보로 출마하려는 후보와 민주당 당원과 지지자들을 위한 책이다. 민주당원들을 위한 비밀스러운 이야기도 있기에 다른 당 지지자들은 될 수 있으면 보지 않기를 권한다. 이 책은 완결 본이 아니다. 이 책이 논의의 시작점이 되었으면 좋겠고, 이 책을 기반으로 더 좋은 책이 나왔으면 하는 바람이다.

정치는 꿈을 파는 일이다. 누군가의 꿈을 실현하는 것은 가슴 뜨거운 일이다. 그를 위해서는 먼저 설득력 있게 우리의 꿈을 파는 세일즈맨이 되어야 한다. 그러니까 이 책은 꿈을 파는 세일즈맨을 위한 매뉴얼이다. 선거에 뛰어들어 어려움을 겪는 후보들에게 조금이라도 도움이 되면 좋겠다. 민주당이 더 조직적으로 선거를 대비하는 데 도움이 되길 기대한다.

2022년 4월 새봄, 새로운 시작을 위해
홍종학

1

가치 선거, 왜 중요해요?

선거는 구도와 인물이 결정한다는 신화

나는 정책전문가이다. 그러다 보니 아무래도 선거를 치르는데 정책 공약을 중요하게 생각한다. 반면 정책은 선거에 별 도움이 되지 않는다는 정치인들이 많았다.

"정치는 정책으로 평가받는 것 아닌가요?"

의외로 평소에도 정책이 중요하다는 정치인은 많지 않았다. 여의도 정가의 정서는 대개 이랬다.

'선거에서 가장 중요한 것은 구도와 인물이다.'
'구도와 인물이 선거 결과를 8~90% 결정한다.'

실제로 이러한 주장에 근거가 없지는 않다. 구도에 따라 크게 출렁거리는 서울 선거를 보면 알 수 있다. 탄핵 역풍이 불었던 2004년 국회의원 선거에서 열린우리당은 서울에서 예상을 뛰어넘는 32석을 얻었다. 탄핵을 주도했던 세력은 철저히 심판받았고 16석을 차지하는 데 그쳤다. 이른바 탄돌이 열풍이었다.

4년이 지난 후 이명박 정부 출범 초기인 2008년 다시 국회의원 선거가 있었다. 이번에는 한나라당이 몰표를 얻어 40석을 석권했다. 통합민주당은 7석으로 쪼그라들었다. 나머지 1석은 창조한국당 몫이었다. 바람이 불면 크게 바뀌는 것은 최근에도 다시 나타났다. 문재인 정부 3년 차였던 2020년 국회의원 선거에서 다시 기울어진 결과가 나타났다. 이번에는 더불어민주당이 41석, 미래통합당이 8석으로 정반대의 결과를 보였다.

이렇게 큰바람이 불 때면 선거는 색다른 양상을 보인다. 개인의 능력이 아무리 출중해도, 정책이 아무리 좋아도 유권자들의 관심을 받지 못한다. 정치 전문가들이 구도를 가장 중시하는 것도 무리가 아니다. 따라서 그때그때 구도에 맞는 선거 전략을 구사하는 것이 중요하지, 가치나 정책은 중요하지 않다는 주장은 일견 일리가 있다.

딕 모리스 패러독스

이런 상황은 미국도 마찬가지다. 빌 클린턴(Bill Clinton)은 취임 후 진보적인 정책을 펴다 이런저런 역풍을 맞고 중간 선거에서 크게 패했다. 과거 주지사 시절 도움을 받았던 정치 컨설턴트 딕 모리스(Dick Morris)를 다시 불렀다. 보수파에 가까운 딕 모리스는 철저하게 여론조사를 통해 지지를 많이 받는 정책을 채택하도록 조언했다. 그런 정책 중에는 민주당의 전통적인 가치와 상충하는 보수적인 정책도 꽤 있었다.

이를 보다 못한 노동부 장관 로버트 라이시(Robert Reich)가 비판에 나섰다.

"이럴 거면 뭐 하러 힘들게 집권을 했어요?"

딕 모리스도 지지 않았다.

"선거에 지고 나면 진보 정책이 무슨 의미가 있어요?"

나중에 로버트 라이시가 '딕 모리스 패러독스'로 명명한 유명한 논쟁이다. 대부분의 선거 전문가들은 가치와 관계없이 선거에 이기는 것이 더 중요하다는 딕 모리스의 주장에 동조할 것이다. 선거판 흑묘백묘론으로 볼 수 있다.

그런데 문제는 그다음이었다. 미국의 민주당이 선거에 이기기 위해 전통 지지자들의 반발을 무릅쓰고 보수의 정책까지 받아들이는 실용노선을 택했다. 그런데 선거 결과는 나아지지 않았다. 레이건(Reagan) 이후 보수의 시대가 이어지면서 민주당은 좀처럼 힘을 쓰지 못하고 있다.

코끼리는 생각하지 마

보다 못한 인지과학자인 조지 레이코프(George Lakoff)가 나섰다. 그 유명한 **'코끼리는 생각하지 마'**(Don't Think of an Elephant)의 저자이다.

'보수의 프레임에 갇히면 진보는 승리할 수 없다'

유권자들의 환심을 사기 위해 보수의 언어를 사용하고, 보수의 정책을 주장하는 것은 보수의 프레임을 강화하는 효과가 있다. 그렇게 되면 보수에 유리한 의제가 선거의 중심이 된다. 구도 자체가 민주당에 불리하게 짜인다. 민주당은 다시 보수적인 정책을 채택해야 하는 악순환에 빠지게 된다는 주장이다.

조금은 어려운 이야기이지만, 레이코프의 이야기를 곰곰이 생각해 봐야 한다. 나중에 자세히 논의할 것이다.

진보는 꿈을 먹고 산다

레이코프의 주장을 근거로 다시 선거 구도와 인물을 되돌아보자. 민주당은 어떻게 대중 정당이 되었는가? 민주당이 배출한 대통령인 김대중이라는 걸출한 인물은 어떻게 만들어졌는가? 김대중을 들여다보면 볼수록 김대중은 선거 천재 같다는 생각을 하게 된다.

'자유가 들꽃처럼 만발하고 정의가 강물처럼 흐르고, 통일에의 희망이 무지개처럼 솟아오르는 나라'

투사 이미지를 순화시키기 위해 시적인 표현을 차용한 1992년 대선 홍보용 영상 속 구절이다. 요즘도 민주당의 각종 행사에서 자주 인용되는 대표적인 명언이다. 대중에게 한 발 더 다가서기 위해 시처럼 아름답게 표현했지만, 그가 주장하는 가치는 조금도 훼손하지 않았다. 아니 가치가 더 빛나는 효과를 발휘했다.

다른 정치인과는 달리 김대중은 진보적 가치를 지켰다. 그는 선거 때마다 자유, 정의, 평화라는 진보적 가치를 내걸고 국민에게 다가갔다.

"자유는 보수 정당의 가치 아니야?"

보수의 자유는 독재를 위장하기 위한 자유, 약육강식의 무한 경쟁 사회를 만들기 위한 승자의 자유이다. 반면 진보의 자유는 민주화를 통해 쟁취한 자유이고, 다른 사람의 자유를 침해하지 않는 모두를 위한 자유이다. 김대중은 불리한 여론 환경에서도 진보의 가치를 꼿꼿이 지켜낸 것이다.

온갖 정치적 박해와 비난에도 불구하고 그를 지켜낸 것은 그가 추구한 가치였다. 그 가치를 앞세워 그는 결국 집권에 성공했다. 그가 선거 때마다 자유, 정의, 평화라는 진보적 가치를 내세워 정면 승부를 펼치지 않았다면 선거 승리의 구도와 인물은 만들어지지 않았을 것이다.

노무현도 마찬가지다. 대통령 선거가 있기 불과 2년 전에 노무현은 부산 북강서을에 출마하여 아무도 없는 빈 공터에서 유세했다.

"여러분, 혼자서 말을 하려고 하니깐 말이 막혀서 잘 안 나옵니다."
"농부가 밭을 원망해서는 안 됩니다. 밭을 원망하는 농부가 되지 않겠습니다."

그가 지키려는 가치가 없었다면 불가능한 일이다. 그가 가치를 존중하지 않았다면, 그는 이미 김영삼을 따라 집권당으로 가서 여러 번 국회의원에 당선되었을 것이다. 그가 가치를 지켜냈기에 좌절하기 직전 국민은 그를 일으켜 세운 것이다.

그렇게 가치를 지켜서 여러 번 집권에 성공한 민주당인데, 최근 들어 가치가 뒷전에 밀린 느낌이다. '딕 모리스 패러독스'에 빠진 것이다. 그러나 이것은 전략적 실책이다. 가치를 이야기하지 않는 선거 전략을 구사하면 김대중과 노무현과 같은 정치인은 더는 나오지 못한다. 선거 때마다 민주당의 가치를 전면에 내세우지 않는다면, 국민은 민주당과 다른 당과의 차이를 느끼지 못할 것이다. 무엇으로 민주당을 지지해 달라고 요청할 것인가?

보수는 현상을 지키는 정당이고 진보는 바꾸려는 정당이다. 진보는 바꿔서 만들어지는 새로운 세계의 가치를 국민에게 설득시켜야 한다. 개혁을 받아들이기 주저하는 일반인들의 불안을 해소하지 못한다면, 진보의 꿈은 실현될 수 없다. 민주당에 유리한 구도와 인물은 가치 선거를 할 때 비로소 만들어진다.

2

이기는 법 십계명

민주당에 매뉴얼이 없다는 것을 알고는 선거에 유용한 참고자료를 찾아나섰다. 국내 자료는 많지 않았다. 해외에는 꽤 많은 자료가 있지만 잘 정리된 자료를 찾기 쉽지 않았다. 우연히 데이비드 빌헬름(David Wilhelm)이라는 정치 컨설턴트의 동영상 자료를 발견했다. 1992년 미국 대선에서 클린턴(Bill Clinton)의 참모로 활동했던 인물이었다. 성공적인 캠페인을 이끌었던 인물답게 경험에 입각한 선거 전략을 설명하고 있었다. 짧지만 잘 정리된 규칙을 설명하고 있어 먼저 소개한다.

규칙 1. 공격하라

● 수비하고 있으면 지고 있는 것이다!

● 당신이 원하는 주제에 대해 상대방이 말하면 이기고 있는 중이다!
● 전사가 되라!

빌헬름은 이슈를 주도해서 자신이 원하는 주제로 공격하는 것을 첫 번째 규칙으로 제시할 정도로 강조하고 있다.

'바보야, 문제는 경제야!'

클린턴은 경제를 공격의 핵심의제로 삼기로 했다. 다른 이슈를 제기하는 캠프관계자에게 바보라고 핀잔을 줄 정도로 한 가지 주제에 몰두했다. 빌헬름은 바로 이 전략을 조언했던 클린턴의 참모였다. 전사가 되라고 강조할 정도로 이슈를 주도하기 위해서는 공격적으로 유세를 하라는 조언이다.

기자들은 끊임없이 클린턴에게 불리한 스캔들이나 외교와 관련한 질문을 했다. 거기에 넘어가지 말고 어떤 질문이 들어와도 결국은 경제 이야기로 전환할 수 있는 준비가 되어 있어야 한다는 의미이다.

규칙 2. 장점을 끝까지 밀고 나가라

● 상대방과 비교해 강점을 찾아라
● 그 장점을 끝까지 밀고 나가라

제대로 된 공격을 하기 위해서는 철저한 사전 준비가 필요하다. 미리 상대방과 비교한 강점과 약점을 찾아서, 강점을 중심으로 이슈를 전개해야 한다. 그리고 가장 중요한 것은 그것을 끝까지 유지해야 한다.

클린턴의 상대방은 현직의 부시 대통령이었다. 부시는 쿠웨이트를 침공한 이라크를 상대로 해서 아군의 피해 없이 승리한 전승 대통령이라는 강점이 있었다. 반면 그로 인해 경제 상황이 다소 어려워진 것이 흠이었다.

클린턴은 이를 놓치지 않고 경제 문제를 상대의 약점이자 자신의 강점으로 설정해서 대비시켰다. 성공적으로 전쟁이 끝난 후에는 경제에 집중하는 대통령이 더 호감을 살 수 있었다. 부시는 이전 선거에서 네거티브 전략으로 앞서가던 두카키스 민주당 후보를 침몰시킨 전력이 있다. 역시 마찬가지로 집요하게 네거티브를 했지만, 클린턴은 자신의 강점인 경제 이슈가 파묻히지 않도록 전력을 기울였고 결국 성공했다. 선거전에 뛰어든 모두가 주목해야 할 중요한 원칙이다.

규칙 3. 단점은 감춰라

● 상대방과 비교해 단점을 찾아라
● 그 단점을 제거하도록 조치하라

세 번째 규칙도 첫 번째 규칙의 연장선에 있다. 자신의 단점을 미리 찾아내, 상대의 공격을 예상해야 한다. 단점을 제거할 수 있으면 신속히 해야 하고, 그렇지 못하면 묻히도록 방법을 찾아야 한다.

상대의 단점을 과장하는 네가티브 공방전이 전개되면, 자신의 공격이 무뎌지게 된다. 공격을 위해 미리미리 방비해서, 이슈가 흐트러지지 않도록 해야 한다는 데 방점이 있다.

규칙 4. 목표는 51%다

● 목표를 명확히 알라!
  - 51% 목표 세우기: 환상과 욕심을 버리는 규율!
  - 100% 목표 달성하기는 완전 실패로 가는 길!

선거는 51%를 얻으면 승리한다. 한정된 시간과 비용으로 100%를 대상으로 선거 유세를 한다는 것은 비효율적이다. 앞으로 여러 차례 강조하겠지만, 선거는 아직 마음을 정하지 못했지만, 설득이 가능한 사람들을 대상으로 유세를 해야 한다. 이미 우리를 지지하는 유권자들과 설득 가능한 사람을 더하여 51%가 되면 승리한다.

규칙 5. 방어는 신속히 공격적으로

● 치명적 공격을 당했을 때, 즉각 대응하라
● 공격적으로 대응하라
● 적대적 기사를 작성하는 기자에게 전화하라

다섯 번째 규칙은 선거 때마다 반복되는 이야기이다. 선거를 치르다 보면 한 번쯤은 네가티브에 노출되게 된다. 신속하고 공격적으로 대응하라는 주문이고, 불리한 기사를 준비하고 있는 기자에게 확인 전화를 하라는 충고를 하고 있다. 누구나 아는 이야기이지만, 현실에서는 대응이 쉽지 않다.

규칙 6. 반복하라

● 메시지에 집중하는 통제력이 필요
● 무모할 정도로 반복하라
● 계획을 세우고, 그 계획에 집중하라

빌헬름은 무모할 정도로 반복하라고 주문하고 있다. 현장에서 잘 지켜지지 않는 규칙이다.

후보의 관점에서 혹은 누구든 연설자의 측면에서 보면 같은 이야기를 반복하는 것이 성의 없이 보인다. 그러나 유세의 대상은 계속 바뀐다. 후보는 같은 이야기를 반복하더라도 청중은 처음 듣는 이야기가 된다. 이것저것 바꾸는 것보다는 최고의 메시지를 최고의 방식으로 전달하는 하나의 방법을 반복하라는 의미이다.

핵심 메시지가 있다면 그 메시지에 집중해서 끝까지 승부를 보는 자세가 중요하다. 용기가 필요할 정도로 어려운 주문이지만, 반드시 지켜야 한다.

규칙 7. 비보도를 활용하라

● 게임의 법칙을 알라
● 비보도를 전제로 논란을 일으켜라
● 정보의 제공자가 되어라
● 단, 유리한 의제를 흩트리지 마라

선거 때마다 이런저런 소문을 흘리는 수법은 일상적으로 이용된다. 비보도를 전제로 확인되지 않은 소문을 흘려 줘 의외의 효과를 낼 때가 있다. 여의도 정가에서 많이 사용하는 방식이다.

주목할 부분은 짧고 효과적인 어구를 사용하라는 것이다. 소문을 흘릴 때도 잘 퍼질 수 있도록 정제된 용어를 사용해야 효과적이라는 의미이다. 다만 이러한 정보의 제공이 자신의 이슈를 흐트러뜨리지 않도록 주의해야 한다.

규칙 8. 개방적 조직을 만들어라

● 불리한 정보가 자유롭게 소통되는 조직문화를 조성하라
● 나쁜 정보를 보고하는 메신저를 죽이지 마라
● 조직의 소통을 위한 메신저를 많이 만들라

선거 캠프는 개방적이어야 한다. 그래야 유동적인 선거 판세에 효과적으로 대응할 수 있다.

한국의 경우 잘 지켜지지 않는다. 캠프에서는 누구나 나쁜 소식을 전하고 싶어 하지 않는다. 될 수 있는 대로 좋은 소식을 전해서 분위기를 띄우는 것이 힘든 선거를 치르는 데 필요하다는 공감대가 형성되어 있다. 후보도 사람인지라 계속 안 좋은 소식을 전하는 메신저를 좋아하지 않는다.

그런 구조에서 위험신호가 있어도 경고하지 못하게 된다. 조기에 대처할 수 있는 사항도 대처하지 못하게 된다. 캠프 전체가 현실과 다른 낙관론에 빠져 잘못된 판단을 하는 경우도 비일비재하다. 쓴소리를 전담하는 대항군을 만드는 방법까지 고려해야 하는 중요한 규칙이다.

규칙 9. 가치와 큰 공약에 집중하라

● 가치와 큰 아이디어에 집중하라

선거를 진행하다 보면 대응해야 할 현안들로 캠프는 분주하다. 여유 있게 전체를 보기 힘들어진다. 선거의 공방전이 치열해졌는데, 세부적인 사항에 관해 답하지 않으면 밀리는 느낌을 받는다. 캠프의 발언 하나하나가 민감하므로 대응하기 쉽지 않다. 그러다 보면 처음에 구상했던 가치와 큰 정책들이 뒤로 밀리게 된다. 그렇게 되지 않도록 가치와 큰 아이디어에 집중해야 한다.

규칙 10. 잘 져라

● 장기적인 안목을 가진 플레이어가 돼라
● 품위 있게 실패를 인정하라
● 민주주의 국가에서 패배는 일상적인 일
● 포기야말로 치명적

어떤 의미에서는 가장 중요한 규칙일지도 모른다. 패배하고 난 다음 날 낙선 인사를 하는 것은 매우 고통스럽다. 그런데 이제는 많은 정치인이 그렇게 한다. 오히려 낙선 인사를 하는 정치인이 더 감동적이고, 더 깊은 인상을 남기기도 한다.

정리. 이기는 법 십계명

1. 공격하라

2. 장점을 끝까지 밀고 나가라

3. 단점은 감춰라

4. 목표는 51%다

5. 방어는 신속히, 공격적으로

6. 반복하라

7. 비보도를 활용하라

8. 개방적 조직을 만들어라

9. 가치와 큰 공약에 집중하라

10. 잘 져라

간단하면서도 중요한 규칙을 잘 정리해 놓았기에 소개한다. 선거를 치르는 동안 잘 기억해 두면 쓸모가 많은 규칙이다.

3

지는 법 십계명

이기는 법을 지키지 않으면 진다. 이기는 법은 곧 지는 법이 된다. 현실의 성공, 실패 사례들을 보면 이 규칙의 중요성을 알게 될 것이다. 다시 한번 이기는 법을 기억하며 사례를 살펴보자.

규칙 1. 공격하라

● 수비하고 있으면 지고 있는 것이다!
● 당신이 원하는 주제에 대해 상대방이 말하면 이기고 있는 중이다!
● 전사가 돼라!

2017년 대선에서 안철수는 새로운 각오로 선거에 임하는 모습을 보였다. 앵그리 버드 형으로 눈썹을 짙게 하고, 목소리를 높이는 등 변신을 꾀해서 사람들에게 궁금증을 품게 했다. 그런데 막상 중요한 후보 토론에 나와 예상외의 발언을 했다.

"내가 MB 아바타입니까?"
"내가 갑철수입니까?"

여러 가지 분석과 비판을 할 수 있지만, 핵심은 공격이 아니라 수비를 했다는 점이다. 대선 후보 토론은 선거에 결정적인 영향을 미친다. 그 중요한 기회를 수비하는 데 사용했다. 공격에 적합한 앵그리 버드 형으로 변신하고 수비에 나선 것도 이해하기 어렵다. 메시지에 일관성이 없으면 위력이 줄어든다. 순식간에 유력한 경쟁 후보에서 밀려나는 순간이었다. 빌헬름의 십계명을 알고 있었다면 더 나은 캠페인을 하지 않았을까?

안철수는 장점이 많아서 공격 거리가 많은 후보이다. 그는 오랫동안 어린이 위인전의 주인공이었다. 살아있는 인물이 위인전의 주인공이 되는 사례는 흔치 않다. 지금의 청년들은 어렸을 때 안철수가 되는 꿈을 꾸고 살아왔다. 보통 정치인은 인지도를 높이기 위해 노력하는데 안철수는 그럴 필요가 없었다. 헌신적인 삶을 살아온 것으로 위인전에 그려져 있어서 호감도 역시 최고 수준이다. 이런 후보가 수비형 전략을 취하니 그 역효과가 대단히 컸다.

좋은 소재가 있으면 하나의 주제로 공격할 때 파괴력이 크다. 의무급식이 그런 소재였다. 민주당에게는 절호의 기회였다. 복지를 확대하려는 민주당의 가치와도 부합했고 여론도 우호적이었다. 반면 작은 정부를 주장하는 보수 정당은 쉽게 받아들일 수 없었다. 선별이냐 보편이냐 하는 복지논쟁에서도 밀릴 것 같으니 전력으로 방어를 했다. 그 탓에 양 당을 구분하는 핵심 이슈가 되었다. 아이들 급식에까지 선별의 잣대를 들이대는 것에 대해서는 반감이 컸다. 완강히 의무급식을 반대하던 정치인들을 무너뜨리는 파괴력이 매우 큰 공격 의제였다.

민주당에서는 이런 주제를 계속 찾아내야 한다. 선거 때마다 민주당의 가치와 부합하는 대중적 의제를 찾기 위해 평소에 많은 노력을 해야 한다. 의무급식도 시민단체들의 작은 외침에서 전국적 의제로 확대되었다. 그런 이슈 중의 하나를 선거전에 사용해야 한다.

보수 정당이라고 손 놓고 있지는 않다. 미국 공화당의 전략은 사회적 이슈로 선거를 치르는 것이다. 복지 확대를 반대하고 경제적 불평등을 심화시키는 경제정책을 추진하는 공화당의 정책으로는 선거를 치르기 힘들다. 그때그때 상대 후보의 입장에 따라 낙태나 사형제, 이민제도 등의 민감한 사회문제를 발굴한다. 민주당 후보가 일반인들이 찬성하기 힘든 급진적 후보인 것처럼 공격한다.

지난 대선에서 한국의 보수 정당은 갈등과 증오를 증폭하는 전략을 채택했다. 미국 공화당의 전략을 모방한 것으로 보인다. 앞으로 이런 추세가 강화되면 사회 전체가 혼란에 빠질 가능성이 크다. 보수의 의도적인 작전임을 간파해야 한다. 민주당이 적절한 대응 전략을 찾아내지 못하면 앞으로도 어려움을 겪을 가능성이 크다.

규칙 2. 장점을 끝까지 밀고 나가라

● 상대방과 비교해 강점을 찾아라
● 그 장점을 끝까지 밀고 나가라

지난 대선을 다시 돌아보자. 민주당 후보인 이재명은 많은 장점이 있는 후보다. 소년공 출신 변호사로 성남시장과 경기도지사 시절에는 재난지원금 지급이나 계곡 정비 사업 등 뚜렷한 업적을 남겼다.

캠프 전략가로서는 장점 하나하나를 다 유권자들에게 알리고 싶은 심정일 것이다. 그래도 선택해야 한다. 끝까지 밀고 나갈 가장 중요한 장점을 찾아내 그것으로 승부를 보아야 한다.

애플의 창업자인 고 스티브 잡스의 성공 요인 중 하나로 '집중하는 능력'을 많이 거론한다. 잡스가 직접 집중에 관해 설명한 적이 있다. 놀랍게도 그가 지적한 중요한 비결은 'NO'였다. 최고가 될 수 있는 아이폰 같은 상품에 집중하기 위해서는 다른 아이디어에 대해서는 'NO'라고 말할 수 있는 용기가 필요하다는 의미이다.

선거도 마찬가지다. 뷔페를 차려놓고 유권자가 원하는 것을 찾게 하고 싶은 마음이 들지만, 유권자 대부분은 그렇게 높은 관심을 보이지 않는다. 다양한 계층을 대상으로 다양한 장점과 정책을 제공해야 하지만, 캠페인의 핵심은 소수의 장점과 정책을 중심으로 전개해야 한다.

다시 이재명에게로 돌아와 보자. 개인적인 생각으로는 소년공이 가장 큰 장점이 될 수 있다고 생각했다. 그 이유는 공감과 자아실현을 중시하는 민주당의 가치와 부합하기 때문이었다. 소년공이라는 단어 자체가 사람들에게 희망을 준다. 불우한 처지에 있는 사람들은 어려운 환경을 딛고 성공한 사람들을 통해 위안을 얻는다. 아이들에게는 꿈을 제공하는 소재다. 사람들과 공감하기 좋은 소재다. 공감(empathy)은 진보의 가장 중요한 가치이다.

전략의 판단은 다양한 기준에 의한다. 빌헬름의 주장은 끝없이 소년공을 들먹이라는 것이다. 반면 민주당은 다양한 홍보 대상 중의 하나로 취급한 것 같다. 어떤 것이든 끝까지 밀고 나갈 장점을 준비해야 한다는 빌헬름의 조언은 새겨들을 만하다.

민주당의 선거 캠프에는 선거에 관한 암묵지가 축적되어 있지 않다. 과거에는 소규모 캠프를 구성하다 보니 어쩔 수 없이 하나의 메시지에 집중했다면, 이제는 조직의 규모가 커지다 보니 전체적인 조율이 쉽지 않다. 이런 문제를 해결할 방법을 찾아야 한다. 사전에 전략을 조율해서 전략대로 진행되는지를 점검해야 한다.

규칙 3. 단점은 감춰라

● 상대방과 비교해 단점을 찾아라
● 그 단점을 제거하도록 조치하라

단점을 감추고 사전에 제거하기는 어렵다. 사전에 대비하면 훨씬 더 나은 대응이 가능하지만, 민감한 사항일수록 많은 사람이 논의하기 어렵다. 터지지 않도록 쉬쉬하다가 터지면 우왕좌왕하게 된다. 캠프 내에서도 신뢰가 흔들리게 된다.

레이건이 재선에 도전했을 때 나이가 너무 많아서 가능하겠냐는 의구심이 일었다. 논란이 되고 중요한 의제로 떠오르자 후보 토론에서 사회자가 관련된 질문을 던졌다. 그 질문에 대한 레이건의 답이 걸작이었다.

"나는 정치적 목적을 달성하기 위해서 상대가 젊거나 경험이 없다는 것을 이용하지 않겠습니다."

상대 후보였던 먼데일을 포함하여 좌중은 웃음바다가 되었고, 레이건의 순발력은 강력한 인상을 남겼다. 그의 고령에 대한 의구심은 점차 수그러들었다. 순발력은 그냥 나오지 않는다. 고령으로 인한 비판은 이미 충분히 예상할 수 있는 주제였다. 다양한 의견을 들어 사전에 대비했기 때문에 기발한 방식으로 반전시킨 것으로 보인다.

순발력에서는 노무현을 따라갈 사람이 없다. 장인의 좌익 전력이 공개되면서 색깔론에 대한 우려가 짙어질 때였다. 색깔론으로 발목을 잡으려는 상대의 질문에 대해 노무현은 상대의 허를 찌르는 질문으로 답했다.

"아니, 그럼 아내를 버리란 말입니까?"

이 한 마디로 논란은 수그러들었다. 만약 또 색깔론이냐 하고 정면 대응을 했다면, 오랫동안 지속할 수 있는 이슈였다. 단점을 제거할 수 없다면 논란이 발생하지 않도록 관리해야 한다. 단점이 커지는 것을 내버려 둔다면, 자신의 장점을 내세울 공간이 줄어들게 된다.

단점은 감춰야 하지만 그 과정에서 장점이 가려지면 안 된다. 예전에는 정치지도자는 강력한 리더쉽이 최고의 미덕이었다. 지금도 그런 정서가 있다. 안철수가 앵그리 버드 형으로 변신하기로 한 데에는 아마 그런 조언이 있었을 것이다. 그러다 보니 안철수의 장점이 사라져버렸다. 남들이 알아주지 않아도 조용히 혁신을 이루고 헌신하는 이미지를 덮어버린 것이다. 다양한 이미지를 동시에 전파하는 것은 더 큰 노력과 기술이 필요하다. 단점을 가리기 위해 장점을 가리지 않도록 항상 명심해야 한다.

규칙 4. 목표는 51%다

● 목표를 명확히 알라!
- 51% 목표 세우기: 환상과 욕심을 버리는 규율!
- 100% 목표 달성하기는 완전 실패로 가는 길!

전략은 계산에 근거해야 한다. 최종 목표인 51%를 위해 다양한 전략을 구사한다는 점에서 바둑과 유사한 점이 많다. 포기할 곳은 과감히 포기하고, 승부처에서 결정적 우위를 점하도록 노력해야 한다.

지난 대선의 결과를 보면 이런 분석이 가능하다. 서울의 경우 분명한 경계선이 그려졌다. 북부 지역은 강고한 민주당 우세지역이고, 강남은 열세지역이다. 그 중간에 경계선이 만들어지는데, 그 경계선이 움직이면서 서울의 판세가 바뀐다. 서울에서의 승부처는 바로 그 경계선 위의 지역들이다.

그렇다면 서울에서 유세할 때 어디에 더 공을 들여야 할까? 요충지에 전력을 집중하라는 일반론에 따르면 이 경계선 위에 있는 지역들을 집중하여 공략했어야 했다. 선거 결과를 보고서 전략이 어느 정도 통했는지 판단할 수 있다. 결과에 일희일비할 것이 아니라 실력을 키우는 훈련으로 여겨야 한다.

지난 대선에서 국민의 힘 대표인 이준석은 세대 포위론을 들고 나왔다. 이렇게 하나의 전략을 중심으로 캠페인을 벌이는 것은 바람직하다. 51% 공략론에 기반해서 중장년을 포기하고, 청년과 노년에 집중하겠다는 셈법이다. 과거 20대는 민주당 지지층이었다. 보수의 입장에서는 20대를 흔드는 전략이 필요했다. 젊은 이준석을 대표로 선출한 목표도 그러할 것이다. 전체를 얻지 못한다면 일부라도 확실히 구하겠다는 생각에서 20대 남성을 집중적으로 공략했다.

결과적으로 20대 여성의 반발을 사서 큰 후폭풍을 초래했기 때문에 그 성과에 대해서는 다양한 의견이 있다. 이준석은 성공했다고 할 것이고, 반대론자들은 실패했다고 할 수 있는 근거가 다 있다. 반면 이런 전략에 대해 민주당이 더 공격적으로 대응하지 못한 것은 아쉽다. 갈등과 증오를 부추기는 전략을 내버려 두면 같은 전략을 사용할 가능성이 커진다.

단기적으로는 효과를 볼 수도 있겠지만, 정당이 갈등과 증오를 부추기는 전략은 장기적으로 손해다. 그런데 민주당이 가만히 있으면 그런 효과는 감소한다. 따라서 민주당은 이준석과 국민의 힘을 갈등과 증오를 부추기는 정치세력으로 끊임없이 공격해야 한다. 20대 남성이 갈등과 증오를 원하지 않을 테니 그들을 설득하는 작업도 될 것이다.

규칙 5. 방어는 신속히 공격적으로

● 치명적 공격을 당했을 때, 즉각 대응하라
● 공격적으로 대응하라
● 적대적 기사를 작성하는 기자에게 전화하라

네거티브는 산불과 같다. 초기에 제대로 대처하지 못하면 승패를 좌우하는 대형 화재로 번질 수 있다. 따라서 초기 진단과 진화가 중요하다.

작은 선거에서는 지역신문이나 SNS를 통해 네거티브가 이루어지고, 큰 선거에서는 보수 언론을 중심으로 집중적인 네거티브가 이루어진다. 이런 공격의 파급력은 다음의 공식에 의해 결정될 것이다.

전달받은 사람의 수 x 충격의 강도

공격을 당하면 신속대응팀이 필요하다. 신속대응팀은 전파 속도와 충격의 강도를 신속히 계산해야 한다. 산불이 되고 나서는 전력을 쏟아도 억제하기 힘들다. 보수 언론과 종편에서 얼마나 확대 재생산하는지를 잘 파악해야 한다. 그들은 사소한 일을 크게 만드는 데 일가견이 있다.

후보로서는 억울한 경우가 많다. 충분히 해명할 수 있는 사안임에도 설명이 길어지면, 유권자들은 의심하게 된다. 그래서 완전히 날조된 네거티브보다는 과장된 네거티브가 대응하기 더 어렵다. 이런 네거티브가 터지면 후보에게 물어야 한다.

"한 마디로 헛소문임을 증명할 수 있습니까?"

그렇지 못하면 설명은 오히려 논란을 증폭시킬 뿐이다. 이미 흥분한 대중을 논리적으로 설득하기는 불가능하다. 조기에 사과하는 것이 초기 진화에 효과적일 수 있다. 번지는 산불을 쫓아다니며 진화하기보다는 초기에 압도적 소방력을 투입하는 것이 효과적이다.

특히 앞서고 있는 후보의 경우에는 더 조심해야 한다. 추격하는 후보는 짧은 선거 기간 중에 전세를 역전시키기 위해 네거티브에 의존하기 때문이다.

미국에서는 네거티브 대응에 실패한 대표적인 사례로 1988년 대선이 꼽힌다. 처음에는 민주당의 두카키스(Michael Dukakis) 후보가 여론조사에서 두 자릿수 이상 앞서가고 있었다. 정권교체 여론도 높았고 메사추세츠 주지사 시절 능력도 인정받았다. 상대인 공화당의 부시(George Bush) 부통령에게는 어려운 선거였다. 그러나 부시는 CIA 국장 출신답게 시종일관 네거티브 전략을 구사했다. 두카키스가 주지사 시절 임시로 풀려났던 흑인 무기수가 다시 살인죄를 저지른 사례를 찾아냈다. 두카키스는 마침 사형제 폐지를 주장하고 있었다. 범죄 대응에 소극적인 두카키스 때문에 어린 남녀 학생이 희생을 당했다고 대대적인 광고를 내보냈다. 변변히 대응하지 못한 두카키스는 오히려 큰 표 차로 패배하고 말았다.

정당이나 후보는 네거티브가 아니더라도 치명적 공격에 대해서는 항상 대비하고 있어야 한다.

규칙 6. 반복하라

● 메시지에 집중하는 통제력이 필요
● 무모할 정도로 반복하라
● 계획을 세우고, 그 계획에 집중하라

2012년 대선 당시 재미있는 동영상이 돌아다녔다. 새누리당 후보인 박근혜가 유세장마다 같은 연설을 하는 장면이었다. 원고를 외어서 연설하는 후보라고 조롱하기 위해 만들어진 동영상이었다.

그런데 빌헬름의 기준으로 보면 최고의 유세 전략이다. 최고로 효과적인 구호를 골라 전국의 유권자들에게 같은 메시지를 던졌던 것이다. 대중적인 연설에 능숙하지 못한 후보를 위한 맞춤형 전략이기도 했다.

앞서 지적한 자신의 장점을 끝까지 밀고 나가기 위해서도 반복이 필요하다. 반복하라고 해서 반드시 같은 이야기를 반복할 필요는 없다. 지역마다 대상마다 다른 사례를 들어서 같은 메시지를 던지면 된다.

사람의 인지능력은 제각각이다. 전문가가 아닌 이상 후보의 정책을 쉽게 이해하기는 어렵다. 그래서 쉬운 한마디 말로 표현하는 것이 중요하다. 그래도 처음 들으면 이해하기 어렵다. 그런데 같은 이야기를 반복하게 되면, 자기가 아는 이야기, 조금 더 나가면 자신이 했던 생각을 말해주는 느낌이 들게 되기도 한다. 이런저런 이유로 반복은 중요하다.

메시지를 반복하면 굳이 새로운 메시지를 준비할 필요가 없다. 후보로서는 더 편할 것 같다. 편하기도 하고 더 유리한 전략이라면 실천하지 않을 이유가 없다. 그런데 재미있게도 후보 대부분이 이 간단한 규칙을 실천하지 못한다. 녹음기처럼 반복하라는 참모의 조언을 이해하기는 어렵다. 그래서 빌헬름이 규칙으로 강조한 것이다.

연설을 잘하는 후보일수록 새로운 유세를 하는 것을 선호한다. 이런 경우는 연설을 잘하는 게 오히려 독이 될 수도 있다. 그래서 사전에 빌헬름의 규칙을 앞에 놓고 캠프 관계자들이 자유롭게 논의하는 것이 중요하다.

규칙 7. 비보도를 활용하라

● 게임의 법칙을 알라
● 비보도를 전제로 논란을 일으켜라
● 정보의 제공자가 되어라
● 단, 유리한 의제를 흘뜨리지 마라

민주당의 공보 라인은 전통적으로 강하다. 대변인과 부대변인 등 많은 공보 담당자가 상시로 기자들을 만난다. 악의적인 기사를 쓰는 기자들도 기삿거리를 찾기 위해 당 관계자들을 만나려 노력한다. 악의적 기사를 쓰는 줄 뻔히 알면서도 만나서 조금이라도 순화시키려 노력하는 게 대변인단의 역할이다.

원래 정보라는 게 서로 주고받게 되어 있다. 기자들이 원하는 정보를 흘려주면서 유리한 정보를 끼워 넣는 게 일상이다. 기자들의 호기심을 자극할 수 있도록 슬쩍 흘려주는 소문이 때론 큰 효과를 낸다.

요즘은 SNS를 활용하는 방식을 주목해야 한다. SNS상에는 온갖 유언비어가 돌아다니지만, 좋은 정보를 제공하면 확산할 가능성이 크다. 자발적인 지지자들에 의존하는 민주당으로서는 적극적으로 SNS를 활용해야 한다.

규칙 8. 개방적 조직을 만들어라

● 불리한 정보가 자유롭게 소통되는 조직문화를 조성하라
● 나쁜 정보를 보고하는 메신저를 죽이지 마라
● 조직의 소통을 위한 메신저를 많이 만들라

한국에서 선거 캠프는 개방적이기 힘들다. 그래도 민주당은 사정이 나은 편이지만, 수직적 조직을 선호하는 정치인이 많다. 선거 캠프는 욕망의 집산지이다. 후보가 당선되면 한자리할 사람들로 넘치게 마련이다. 당선 가능성이 클수록 권력의 암투는 치열하다.

캠프 대부분에서 오랫동안 정치를 함께 해 온 측근 중심으로 캠프가 돌아간다. 후보가 의식적으로 개방적인 캠프를 만들기 위해 노력하지 않는다면, 측근들로 이루어진 실세 그룹이 만들어진다. 충성스러운 측근들이 인사와 정보를 틀어쥐고 있는 한 개방적인 조직이 만들어지긴 어렵다. 여의도 정가에는 측근 정치는 당연하게 받아들인다. 어려울 때 함께 했던 동지들이 없으면 선거 동력을 얻기 힘들기 때문이다.

반면 개방적 조직이 되지 못하면, 캠프의 잠재능력을 다 발휘할 수 없다. 선거는 자발적인 자원봉사자와 지지자들의 열정에 의해 결정된다. 측근들은 양날의 칼이다. 측근들은 전체를 총괄하면서 지원 부대의 역할을 할 때 최고의 결과를 낼 수 있다. 그런데 대부분의 측근이 그런 보조적인

역할에 만족하지 못한다.

캠프는 항상 일손이 부족하다. 개방적 조직이 되지 못하면 지시사항을 이행하는 데 급급하게 된다. 지역의 정보가 후보에게까지 전달되기는 어렵게 된다. 여기저기 위험신호가 켜지고 있음에도 캠프는 관성대로 일을 처리할 가능성이 크게 된다.

나는 후보들이 캠프 조직의 운영에 더 관심을 가져야 한다고 생각한다. 왜냐하면, 선거에서 승리할 경우 캠프 구성원들이 다시 행정의 조언자가 될 가능성이 크기 때문이다. 캠프를 잘 운영한 후보는 승리 후에 좋은 행정을 하고 입법을 잘할 수 있다. 선거 캠프는 단순히 선거를 위한 조직이 아니라는 인식이 필요하다. 승리 후 꾸려질 행정이나 입법 조직의 시험대가 된다.

거물 신인이 새로 정치를 시작하면 수많은 사람이 몰려든다. 시간이 지나면 좋은 사람은 떠나고 권력을 탐하는 사람들만 남는 경우가 허다하다. 욕망의 집산지인 곳에서는 악화가 양화를 구축할 가능성이 크다. 최근에도 누가 보더라도 훌륭한 정치인이 빛을 보지 못하고 있는 예도 있다. 외부인은 이해하기 어렵지만, 내부를 들여다보면 대부분 캠프 관리에 실패한 경우다.

그래서 빌헬름의 충고는 한국 정치에 더 중요하다. 캠프 내 소통만 담당하는 부서를 신설하는 제도적 보완도 고려해 볼 만하다. 과거 전쟁사를 돌아보면 전선의 상황을 잘 모르는 지휘관이 잘못된 명령을 내려서 큰 피해를 본 전쟁의 사례가 많다. 선거에서도 수시로 같은 상황이 벌어진다.

규칙 9. 가치와 큰 공약에 집중하라

● 가치와 큰 아이디어에 집중하라

클린턴은 경제 한 마디로 선거를 주도했다. 오바마는 희망과 변화를 전면에 내세워 집권에 성공했다. 버니 샌더스는 우리(not me, US)를 전면에 내세워 청년들의 열광적인 지지를 끌어냈다. 마침 미국 명칭이 우리와 같은 점을 내세운 기발한 구호였다.

가치와 큰 아이디어가 사람들을 끌어들이고 열광하게 한다. 사람들은 구체적인 정책에 동의하거나 환영할지라도 열광하지는 않는다. 그러나 큰 대의에 함께 한다는 느낌이 들 때 내 일처럼 달려들게 된다. 열정을 불러일으키는 것은 가치와 큰 아이디어임을 명심해야 한다.

물론 유권자가 원하는 맞춤형 공약도 필요하다. 대상별로 가장 중요하게 생각하는 공약을 찾아내야 한다. 작은 정책들도 핵심 가치와 큰 아이디어와 부합할 때 효과를 발휘한다. 구심점이 없는 공약은 산만하게 보인다.

규칙 10. 잘 져라

● 장기적인 안목을 가진 플레이어가 돼라
● 품위 있게 실패를 인정하라
● 민주주의 국가에서 패배는 일상적인 일
● 포기야말로 치명적

2012년 대선에서 안철수는 문재인과 단일화하고 유세도 같이했다. 성의 없어 보인다는 비판도 있었지만 그래도 큰 도움이 되었다. 그런데 놀랍게도 선거 당일에 출국했다는 소식이 들려왔다. 신뢰할 수 없는 사람으로 보일 수밖에 없다. 승패와 관련 없이 치명적인 실책이다. 다음 선거를 대비하는 정치인이라면, 선거 이후에 어떤 모습으로 비치는가가 중요하다.

잘 져서 더 큰 선거에서 승리한 정치인이 노무현이다. 그는 지는 곳만 찾아다녔다. 그리고 2000년 부산에서 처참하게 패배했다. 사지에 스스로 찾아 들어가 패배했지만, 또 도전하겠다는 패기 찬 모습은 사람들에게 깊은 인상을 남겼다. 그가 예상치 않게 민주당의 대선 후보로 선출된 데에는 잘 진 덕분이었다.

선거는 민주주의의 축제이다. 축제에서 시합했는데 1등을 못 해서 1등에게 돌아가는 상금과 상품을 못 받았을 뿐이다. 열심히 실력을 쌓아 다음번에 이기면 다시 상금을 받을 수 있다. 선거에서 졌다고 추방당하거나 정치보복을 당하는 시대는 지났다. 이기기 위해 반칙을 썼다가는 영원히 쫓겨날 수 있다.

민주적인 선거를 여러 번 치르면서 이제 사람들은 축제로 받아들일 준비가 되어 있다. 사람들은 승리한 후보에게 축하를 보내고, 패배한 후보를 동정한다. 그래도 공익을 위해 선출직 공무원에 나섰다가 패한 사람이 아니던가. 누구나 연민의 정을 느낀다. 그에게 투표하지 않은 유권자도 마찬가지다. 그런데 그가 패배 다음 날 낙선 인사를 위해 길거리에 나서면 사람들은 깊은 인상을 받는다. 패배 후 일주일을 어떻게 보내는가에 따라 다음 선거의 결과가 결판난다.

승리한 후보도 마찬가지이다. 선거일 이후 지지한 후보를 만나면 한마디씩 하고 싶은 게 인지상정이다. 그때 여전히 사람들의 의견을 경청하려 들면 사람들은 올바른 선택을 했다는 인상을 받는다. 반면 선거가 끝난 후 이런 소문이 들린다면 미래는 없다.

"이기더니 사람이 달라졌네, 쯧쯧."

4

프레임 전쟁

'프레임은 세상을 보는 방식을 결정하는 생각의 구조'

'프레임은 '인지적 무의식'의 부분으로 의식적으로 통제할 수 없는 사고의 영역'

'프레임을 바꾸는 것이 사회개혁'

레이코프는 언어학자이다. 그는 미국 민주당이 공화당의 프레임에서 헤어 나오지 못하는 것을 답답히 여겼다. 그래서 민주당을 위한 많은 책을 썼다. 대표적인 책이 '코끼리는 생각하지 마'이다.

우리도 민주당 정치인이나 당원, 지지자라면 꼭 읽어봐야 할 책이다. 그런데 민주당에서 공부를 많이 하지만 이 책에 대한 논의는 많지 않은 듯하다. 답답한 일이다. 지금이라도 한 번씩 읽었으면 좋겠다. 이 책뿐 아니라 레이코프의 다른 책들 모두 진보적인 민주당원들을 위한 책이다.

코끼리는 생각하지 마

레이코프는 수업시간에 학생들에게 명령을 내린다.

"코끼리는 생각하지 마!"

그리고 성공한 학생들은 손을 들어보라고 한다. 대개 아무도 손을 들지 못한다. 우리의 두뇌에는 부정어를 인식하는 기능이 없기 때문이다. 코끼리라는 우리가 알고 있는 단어가 나오면, 무의식은 코끼리의 이미지를 만들어낸다. 우리 의지로 못하게 할 수 없다. '인지적 무의식'의 세계이다. 물론 코끼리를 모르는 사람은 코끼리를 떠올리지 못한다. 우리의 두뇌는 알고 있는 것만 다시 보여주기 때문이다.

스키선수가 나무를 피하라고 자신에게 주문을 외면 나무에 부딪힐 가능성이 커진다고 한다. 그래서 스키선수들은 장애물이 아니라 길만 생각한다. 스키선수들이 고안해낸 나무를 피하는 방법이다. 나무를 피하기 위해서는 나무를 생각해선 안 된다. 무의식이 자신도 모르게 나무를 주목하게 만들기 때문이다. 이 간단한 원리를 알면 정치인에게 큰 도움이 된다.

정치인은 무의식과 대화한다

워터게이트 사건이 대통령의 스캔들로 비화하자, 닉슨은 자신의 결백을 증명하기 위해 긴급 특별 담화를 발표했다. 그는 담담하게 말했다.

"나는 거짓말쟁이가 아닙니다."

믿기 힘든 이야기이지만 그 순간 닉슨은 거짓말쟁이가 되었다. 인간의 두뇌는 그렇게 오묘한 것이다. 물론 이 한 마디 때문만은 아니겠지만 결국 닉슨은 사임하고 말았다.

이런 이론을 알고 있는 사람과 모르는 사람의 발언에는 미묘한 차이가 있다. 민주당이 집권 이후 독선적이고 오만했다고 비판받는다. 민주당으로서는 억울한 일이다. 그러나 상대방은 그렇게 프레임을 씌우고 싶어 한다. 버티고 버티다 여론이 악화하면 마침내 고위직 누군가가 사과를 한다.

"민주당이 오만했습니다. 죄송합니다. 이제 다시 초심으로 돌아가겠습니다."

사과하려면 단서를 달지 말고, 사실 그대로 인정해야 한다. 여의도 정가의 오래된 규칙이다. 아마 그 조언을 따라 이렇게 사과했을 것이다. 그러나 그 순간 '민주당은 오만한 정당'이라는 강한 인상을 준다. 무의식에 각

인된 이 느낌은 두고두고 떠나지 않는다.

그러면 어떻게 해야 하는가? 레이코프라면 어떻게 답할까?

"민주당이 겸손하지 못했습니다. 더 겸손하겠습니다."

별 차이가 없어 보이지만 현실에서는 커다란 차이를 보인다.

"맞아, 민주당은 원래 겸손하지. 요즘 좀 건방졌었나? 지켜보지, 뭐."

정치에 큰 관심이 없는 유권자의 무의식에는 이렇게 새겨질 것이다. 상대가 계속 오만하다고 비판하는데, 스스로 오만했다고 인정하는 순간 짧지만 강한 분노가 일어난다. 정치인의 대화는 일상적인 대화와는 구분되어야 한다. 무의식에 어떤 작용을 일으킬지 고민해야 한다. 그렇지 않으면 상대의 프레임에서 벗어날 수 없다.

정치인은 무의식과 대화해야 한다.

은유와 프레임

레이코프는 언어학자답게 은유(metaphor)의 중요성을 강조한다. 인간은 사물을 판단할 때 자신만의 프레임을 사용한다. 프레임은 익숙하다.

그 프레임은 사회적 문화, 관습, 교육이나 자신만의 경험으로 만들어진다.

정치적 주장은 어려워서 정치인들은 종종 쉬운 은유나 비유를 사용한다. 예를 들어 선거를 한번 프레임으로 설명해보자.

'선거는 전쟁이다'

나 역시 이미 이 책에서 여러 번 선거를 전쟁과 비교했다. 선거는 표를 얻기 위한 경쟁이고, 우리 진영을 지지하는 지역을 늘리는 땅따먹기 싸움이다. 정치를 시작하고 정치에 참여하는 것은 새로운 경험이다. 반면 전쟁은 우리에게 매우 익숙한 프레임이다. 아군과 적군이 있고, 지면 죽음과 고통이 있어서 반드시 이겨야 한다. 아군은 착하고 적군은 나쁘다. 적과 동조하는 것은 용납되지 않는다. 선거를 전쟁으로 여기는 은유를 사용하는 순간 이 모든 부수적 지식이 동시에 따라온다. 이런 설명을 하지 않으려고 은유를 사용하는 것이다. 선거를 전쟁의 프레임으로 그리면 모든 상황이 살벌해진다. 그래서 바람직하지 않은 은유이다.

선거를 꼭 전쟁과 비교할 필요는 없다.

'선거는 축제다'

선거는 민주주의의 산물이고 축제다. 옆 동네와 함께 하는 축제 정도다. 옆 동네 친구들과 시합은 하지만 죽고 살 일은 아니다. 올해에는 우리가 이길 수도 있고 질 수도 있다. 지면 또 어떤가. 끝나면 다 함께 마시고 즐기고 춤추다 돌아갈 것이다. 그리고 헤어지길 아쉬워하며 내년에 다시 만나길 기약할 것이다. 선거를 이렇게 받아들이면 민주주의는 훨씬 더 성숙해진다. 좋은 효과를 기대할 수 있는 은유이다.

선거를 어떤 프레임에 맞추는가에 따라 우리가 느끼는 감각은 크게 달라진다. 선거가 전쟁이면 상대는 적이고 악이다. 완전히 무찔러서 더는 덤비지 못하게 해야 한다. 선거가 축제이면 상대가 있어 더 즐겁다. 그는 나의 축제 손님이고 재주가 나보다 뛰어나면 가르쳐 달라고 조를 참이다.

정당의 이익 다툼으로 인해 사회적 갈등이 격화되고 있다고 한다. 한탄만 할 게 아니라 선거는 축제라는 대대적인 홍보 캠페인을 벌여야 한다. 선거 캠프 내에서는 '나가자, 싸우자, 이기자'라고 외칠지라도 길거리에 나섰더니 선거는 축제라는 플래카드와 함께 오색기가 나부낀다면 느낌이 달라질 것이다. 상대를 보는 순간 부둥켜안고 춤을 추고 싶은 생각이 들 수도 있다. 그것이 오묘한 프레임의 세계다.

가족은 모두에게 가장 친숙한 프레임이다. 가족이라는 단어를 듣는 순간 우리는 나와 함께 있는 아빠, 엄마, 형제들을 떠올린다. 할아버지, 할머니를 떠올리는 사람도 있을 것이다. 가족은 모두에게 애틋한 대상이지만 사람마다 조금씩 차이가 있다.

레이코프는 예리하게 진보와 보수가 서로 다른 가족의 프레임을 사용하고 있음을 지적한다. 각기 다른 가족의 프레임으로 유권자에게 다가간다고 주장한다. 자신에게 유리한 프레임을 씌우기 위해 노력하는데 효과 면에서 보수가 앞서 있다는 것이 그의 진단이다.

보수의 엄격한 아버지 프레임

보수의 가족 모형은 '엄격한 아버지'(strict father)이다. 보수가 세상을 바라보는 시각은 이렇다. 세상은 악이 있어서 위험한 곳이다. 경쟁이 치열해서 살아남기 어렵다. 경쟁하다 보면 승자와 패자가 생기는데, 옳은 사람이 이기게 된다. 세상에는 절대적인 옳고 그름이 있다.

엄격한 아버지는 이 험악한 세상에서 가정을 지켜야 한다. 아이들을 엄하게 키워야 한다. 아이들은 이를 따라야 하는데, 어길 때에는 벌을 받아야 한다. 엄한 아버지는 아이들에게 체벌을 가할 때 죄의식을 느끼지 않는다. 아이들을 강하게 키우기 위한 것이고 험한 세상을 살아가야 하는 아이들을 위한 훈련 과정이기 때문이다. 이런 과정을 통해 아이들은 자기규율을 배우게 되고 착한 아이가 된다.

이렇게 배운 강인함을 바탕으로 자신의 이익을 추구해 성공할 때 독립

된 삶을 살게 된다. 각자가 자신의 이익을 추구하는 것이 사회에 좋은 것이고 도덕적이다. 따라서 가난한 사람들을 돕는 것은 비도덕적이라는 결론에 도달한다. 비도덕적이라서 복지 확대는 반대한다. 반면 기업인들은 성공한 착한 사람들이므로 더 성공하도록 지원하는 것은 도덕적이다. 국방비를 늘리거나 기업을 지원해서 국가채무가 늘어나는 것은 아무런 문제가 없다.

미국 보수의 이런 인식은 뿌리가 깊다. 대공황 당시 미국 대통령은 공화당의 후버였다. 후버는 자신의 월급을 전부 교회에 기부했다. 그러면서 가난한 사람은 교회가 도울 일이라며 국가의 지원은 거절했다. 우리에게는 이해하기 어려운 철학이 보수의 근간이 된다. 이어진 선거에서 민주당의 루스벨트는 국가가 적극적으로 지원하는 이른바 '뉴딜'을 기치로 내 걸고 당선되었다.

진보의 보살피는 부모 프레임

반면 진보의 가족 모형은 '보살피는 부모'(nurturant parents)다. 기본적으로 부모가 함께 아이를 키운다. 아이들은 착하게 태어나고, 이런 아이를 잘 키워서 더 나은 세상을 만들기 위해 노력한다. 잘 키우는 것은 공감(empathy)과 책임을 의미한다. 영어의 empathy는 마치 내 몸처럼 느끼며 공감한다는 뜻이다. 아이를 잘 키우기 위해서는 아이가 무엇을 원하는지 아는 공감 능력이 필요하다. 아이를 키우려면 책임감이 필요한 데, 자기 자신을 돌보지 못하면 다른 사람도 돌 볼 수 없으므로 자기 자신에 대한 책임감도 필요하다. 그래서 스스로 유능해지고 강해져야 한다.

다른 사람의 고통을 공감하기 때문에 안전한 사회를 만들기 위해 노력한다. 환경, 노동, 소비자를 보호하기 위해, 그리고 질병과 재해로부터 보호받는 사회를 만들기 위해 국가가 적극적으로 법과 제도를 만들어야 한다. 아이가 자신이 원하는 것을 성취하고 행복하기를 바라기에 자신 먼저 성취하고 행복하게 되는 도덕적 책임감을 느낀다. 아이들도 따라서 다른 사람을 위하는 이타적인 사람이 되기를 바란다.

성취한 사람이 되기 위해서는 자유가 필수이고, 자유를 누리기 위해서는 기회가 주어지고 번영해야 한다. 아이가 성취를 이루기 위해서는 공정한 환경을 만들어야 하며, 아이를 위한다면 개방적이고 소통해야 한다. 함께 잘 사는 공동체 의식이 중요한 도덕적 가치가 된다. 협동, 신뢰, 정직은 필수적이다.

공동체를 중시하기에 진보는 복지를 강조하고 안전한 사회를 만드는 정책을 추진하게 된다. 겉으로 드러난 진보의 모습 바탕에는 진보가 상정하는 가족 모형이 있다.

레이코프의 분석을 정리하면 아마 보수와 진보를 이런저런 특징으로 구분해 볼 수 있다.

	보수	진보
프레임	strict father 엄격한 아버지	nurturant parent 보살피는 부모
정치 철학	obedience 복종	empathy, empowerment 공감 , 권능 부여
핵심가치	obedience to authority 권위에 대한 복종	care 보육, 소통
파생가치	힘, 남성성	자상함
행동 양식	이기심, 경쟁	이타심, 공동체
조직	수직적	수평적
통치 방식	공포, 분열	책임, 희망
잘못된 행위	가혹한 징벌	개선 기회 제공
기독교 내의 차이	strict God 신의 계시를 해석하는 목사를 어길 때, 저주의 징벌	nurturant God 가난하고, 병든, 배고픈, 노숙자 배려

이러한 구분이 절대적인 것은 아니다. 하나의 가설로 보는 게 적합할 것이다.

더 중요한 것은 한 사람을 이러한 기준에 의해 보수나 진보로 구분할 수 없다는 점이다. 사람 대부분이 상황에 따라 진보가 되기도 하고 보수가 되기도 한다. 예를 들어 노동조합의 간부는 사회적으로는 약자를 대변하는 진보의 가치를 천명한다. 반면 집에 돌아가서는 엄격한 아버지의 역할을 하는 경우가 많다.

레이건은 전략적으로 이 점을 노렸다. 70년대 자유분방한 분위기에서 전통적인 가족의 구성원들은 소외감을 느꼈다. 레이건은 가족의 가치를 강조하고, 엄격한 아버지의 자애로움과 애환을 언급하면서 은근히 심정적 일체감을 끌어냈다. 전통적인 민주당 지지자 중에 레이건을 지지하는 사람이 늘어나면서 하나의 추세를 만들어냈다. 레이건이 승리한 비결로 꼽힌다.

개인 대 사회

보수는 오래전부터 가치를 중시해 왔다. 원래 보수의 정의가 전통을 중시하는 것이다. 주어진 환경에서 경쟁하고 성공한 사람을 높이 평가한다. 미국은 유럽과는 달리 귀족의 전통이 없다. 이민자의 후손으로 프로테스탄트의 근면성을 바탕으로 성공한 사람들이 많다. 자수성가한 사람들을 추켜세우고 청년들의 롤 모델로 제시한다.

유럽 전제정치의 폐해를 피해 온 이민자들이기에 건국 초기부터 작은 정부를 추구하는 전통이 강하다. 정부의 규제는 최소화되어야 하고 개인의 자유를 저해해서는 안 된다. 총기로 인한 피해가 극심함에도 개인의 방어를 위한 수단을 막아서는 안 된다는 헌법에 근거해 여전히 개인의 총기 소유를 허용하고 있다.

부자나 대기업들은 경쟁에서 이긴 승리자들이고 보수의 도덕적 가치에 의해 착한 사람이나 조직으로 간주한다. 가난한 사람들에게 동정심이 없는 것은 아니지만, 정부가 그들을 돕게 되면 스스로 성공할 수 없게 되기 때문에 도덕적으로 용납하기 어렵다. 사회적 불평등을 개선하라는 진보의 요구는 패자들의 생떼일 뿐이다.

작은 정부를 추구하지만 '엄격한 아버지' 모형의 복종이라는 가치를 중시하기 때문에, 정부의 전횡에 대해서는 관대하다. 그래도 대중의 감성을 자세히 검토해야 한다. 9.11 테러로 큰 충격에 빠진 미국 국민의 정서는 곧 분노로 바뀐다. 분노는 복수심으로 이어지고, 당시 부통령인 딕 체니(Dick Cheney)는 이 복수심을 정치적으로 이용한다. 그래서 전쟁을 선포한다.

그런데 전쟁의 대상이 모호했다. 9.11테러를 주도했다는 테러단체와 전쟁한다는 것이 통상의 전쟁 프레임과 달랐다. 일반인을 대상으로 심층 면접 분석(FGI)을 해 본 결과 전쟁의 대상이 모호하다는 여론을 확인한 후 전쟁의 대상을 이라크로 확대했다. 대중의 복수심이라는 감성에 기대어 전쟁을 시작한 것이다. 이라크 전쟁은 이라크는 물론 미국에도 인명과 재산의 큰 손해를 끼쳤다. 그 과정에서 인도주의를 벗어난 고문 등이 자행되어 미국 사회에 충격을 안겨주었다. 반면 체니가 관련된 용병 회

사는 큰돈을 벌었지만 제대로 된 조사도 받지 않았다. 힘과 응징을 강조하는 보수의 애국주의라는 프레임 아래에서 가능한 일이었다.

분노한 대중을 부추기는 부시 행정부의 전쟁에 대해 민주당은 반대할 수 없었다. 대중의 눈치를 보느라고 어중간한 태도를 보일 수밖에 없었다. 민주당은 나약한 정당으로 보이고, 전쟁을 정치에 이용하려는 체니의 전략은 성공했다.

반면 진보는 국민을 따뜻하게 보살피는 국가를 만들기 위해 노력한다. 개인이 원하는 자아실현을 돕기 위해 자유를 보장할 뿐 아니라 국가가 나서서 지원하기 위한 제도를 만들어간다. 이를 위해서는 서로 돕는 공동체를 만들어가야 한다. 보이지 않는 곳에 있는 가난한 사람들의 처지를 이해하는 공감을 바탕으로 복지를 확대하고, 공동체의 발전을 위해 교육이나 과학, 심지어는 사회기반시설에 대한 투자를 확대한다. 사회적 불공정을 개선하기 위해 불우한 환경에서 자란 청년들에게 기회를 확대하는 제도를 도입하려 노력한다.

빈부격차가 큰 미국에서는 복지에 대한 욕구가 크다. 당연히 서민들 사이에서는 복지 확대를 추구하는 민주당에 대한 지지도가 높을 것 같지만 현실은 그렇게 녹록지 않다.

미국은 복지 수준을 높이기 위해 노력했지만, 유럽보다는 한참 뒤처졌다. 그런 상황에서 1980년 대통령 선거가 다가왔다. 공화당의 레이건은 보수의 가치를 정면에 내 걸고 감세와 복지제도의 축소를 강력하게 주장했다. 자신의 주장이 옳다는 것을 주장하기 위해 그는 반복적으로 복지 여왕(Welfare Queen)을 들먹였다. 이런저런 복지제도의 허점을 이용한 흑인 여성의 사치스러운 생활을 생생하게 스토리로 만들어 전했다.

선거가 끝난 후 복지 여왕은 가공의 스토리였음이 밝혀졌지만, 미국인들에게는 깊은 인상을 남겼다. 레이건은 여론의 지지를 받으며 복지제도의 축소에 나섰고 미국의 복지제도는 유럽보다 더 뒤처지게 되었다. 세계 최고의 부자 나라이면서 빈부격차 역시 매우 큰 나라로 남게 되었다. 공동체의 전반적인 발전을 추진하는 민주당과 개인의 노력에 의한 성공을 지원하는 공화당의 프레임 전쟁에서 밀린 결과였다.

미국의 의료비용은 터무니없이 비싸기로 악명이 높다. 가난한 사람들은 제대로 된 치료를 받을 수 없는 경우가 많다. 중병이 걸리고 나면 평생 회복하기 힘들 정도로 빚을 지게 된다.

의료비 문제는 생명과 직결되어 있어 중요하지만, 비용이 많이 들어 전 세계적으로 해결책을 찾기 힘든 난제로 꼽힌다. 한국의 전 국민 의료보험 제도는 세계적으로 주목을 받을 정도로 호평을 받고 있지만, 이런저런 문제가 끊임없이 제기된다. 민간 의료보험 의존도가 높은 미국에서 서민들은 제대로 된 의료서비스를 받기 힘들다. 미국인들은 오랫동안 비

싼 의료비에 대한 불만을 제기해왔다.

보수의 시대에 민주당 대통령이 된 클린턴은 야심 차게 의료보험 개혁을 추진했다. 영부인인 힐러리 클린턴이 책임자가 되어 주도했다. 예상했던 대로 민간 의료보험을 담당해 온 보험회사들의 막강한 저항에 부딪혔다. 보험회사들은 대중을 상대로 한 광고전에 막대한 비용을 들였다. 의원 개개인을 상대로 한 로비를 벌였다. 합법적 로비가 가능한 미국에서는 돈을 들일수록 성과를 낼 수 있는 정치 제도이다. 여론은 악화하였고 결국 의료보험 개혁은 실패했다. 클린턴과 민주당은 만신창이가 되었다.

8년 후 변화와 희망을 기치로 내 걸어 당선된 오바마는 다시 의료보험 개혁을 추진했다. 물론 미국의 의료사정은 더 악화한 후였다. 이번에도 역시 보험회사들은 막대한 자금력을 바탕으로 저항했다. 오바마케어로 명명된 개혁 입법은 간신히 통과되었으나 그 과정에서 크게 후퇴한 법안으로 만족할 수밖에 없었다.

국민이 원하는 개혁을 추진하는 민주당이지만 이렇게 번번이 저항에 부딪혀 성과를 내지 못한다. 레이코프는 오바마케어라는 명명부터 의도된 프레임으로 규정한다. 국민에게 혜택을 주는 의미를 강조하는 명칭을 붙였다면 국민은 더 지지했을 것이라고 주장한다. 사회적 제도인 의료보험을 오바마라는 개인과 연관 지어 그 의미를 축소하고 정쟁의 대상으로 만드는 프레임이라는 것이다. 민주당은 좋은 정책을 추진하지만, 이렇게 이런저런 저항에 부딪혀 성과를 내지 못하면서 국민의 지지를 얻지 못하게 된다는 것이다.

레이코프는 한탄한다.

'민주당은 왜 지는지를 모르고 있다.'

5

민주당의 착각

계몽의 오류

레이코프는 민주당이 문제의 원인을 모르고 있다고 본다. 그래서 질문을 던진다.

"민주당의 문제는 무엇일까?"

그리고 그 답을 계몽(enlightenment)이라는 진보의 착각에서 찾는다. 진보는 진실이 알려지면 결국 정의가 승리할 것으로 생각한다. 많은 국민이 원하는 정책을 추진하는데 지지를 받지 못한다. 국민에게 제대로 이해를 시키지 못했다고 생각한다. 논리적으로 잘 설명하면 지지를 받을 것으로 생각한다.

전형적인 계몽주의다. 합리적인 대중이 잘못된 판단을 내리는 것은 계몽이 부족하기 때문이다. 따라서 더 열심히 설명하면 자신에게 유리한 정책이 무엇인지 판단할 수 있다. 결국은 민주당의 정책을 지지할 것이다. 과거 종교와 왕정의 전제 정치에서 벗어나는데 크게 기여했던 계몽운동도 처음에는 힘들었다. 결국 논리가 대중에게 전파되면서 성과를 거둘 것이다. 레이코프는 이러한 진보의 생각이 모두 착각에 불과하다고 단정한다.

보수를 보자. 보수는 진보처럼 논리적으로 따지지 않는다. 가치를 전면에 내세우고 감성에 호소하는 프레임을 펼친다. 기업들은 오랫동안 심리학의 연구결과를 마케팅에 사용해 왔다. 심리학에서 새로운 이론이 나오면 즉각 광고에 적용하여 시험했다. 주로 대중의 정서에 호소하는 방법들이었다. 여성의 권리를 위한 사회운동이 한창이던 시기에 담배회사들은 담배를 피우는 여성을 여성 해방의 상징으로 내세웠다. 필요하면 진보의 사회운동까지 기업은 사용한다. 마케팅에 성공하면서 잠재적인 흡연 고객을 여성으로까지 확산시키는데 성공했다.

무의식의 중요성을 강조한 프로이드의 연구는 충격적이었다. 기업들은 서서히 이 연구결과를 상업적으로 이용하기 시작했다. 이제 광고는 더이상 인간의 이성에 호소하지 않는다. 의식하지 못하는 무의식을 자극하는 광고 방식이 등장하기 시작했다. 현대사회에서 무심코 바라보는 광고 영상 속에는 무의식을 자극하는 수많은 장치가 포함되어 있다. 보수는 이런 광고의 새로운 기법을 적극적으로 받아들인 셈이다.

보수의 각성은 오랫동안 준비해 온 결과이다. 루스벨트의 뉴딜 이후 복지를 강조하는 진보와 정책으로 승부하면서 번번이 패했다. 진보의 시대에 보수가 집권하기 위해서는 복지와 사회개혁을 중시하는 진보의 가치를 받아들여야 했다. 간혹 나오는 공화당의 대통령들도 진보의 정책을 받아들였다.

미국에서는 1964년 배리 골드워터(Barry Goldwater)의 패배를 보수 정치의 분수령으로 본다. 진보의 시대에 처음으로 보수의 가치를 전면에 내걸고 전면승부를 펼쳤다. 진보의 시대였기에 유권자의 마음을 사는 데 실패했다. 처음부터 어려운 선거였다. 참패했지만 가치를 내세운 패배를 통해 보수는 결집하게 된다. 잘 지는 게 중요하다는 사례가 여기서도 확인된다. 이 사건 이후 보수의 가치를 재건하는 대대적인 운동이 일어났다. 과도한 복지로 인한 문제를 끊임없이 확대재생산하는 이념 투쟁을 시작했다. 복지를 늘리지 못하도록 세금을 줄이는 정책을 옹호했다. 이른바 복지를 괴물로 상정하는 '**괴물 굶기기**'(starving the beast) 전략이다.

그동안 정치와 거리를 두었던 보수 기업인들이 적극 나섰다. 청년들에게 막대한 장학금을 지불하며 청년 정치인을 육성하며 보수의 저변을 넓혔다. 오랜 투자는 서서히 결실을 얻었다. 서서히 저변을 확대한 결과 보수의 가치를 전면에 내세운 레이건의 승리를 시작으로 보수의 시대를 활짝 열었다. 그 이후 미국에서 진보를 내세우는 민주당은 부진을 면치 못하고 있다.

레이코프는 진보의 접근 방식이 잘못되었다고 진단한다. 보수의 프레임을 깨기 위해 노력하기는커녕 당장의 이익을 위해 민주당의 후보들은 보수를 흉내 내기에 바빴다. 그러다 보니 보수의 프레임은 더 강고해지는 것이다. 지더라도 골드워터와 같은 가치 논쟁을 통해 진보의 저변을 확대하고 프레임을 강화시킬 수 있다.

세금이 있기에 국가는 유지된다. 국가는 국방이나 경찰과 같은 기본적인 역할 뿐 아니라, 교육을 통해 개인의 자아실현을 돕는 결정적인 역할을 한다. 세계 최고의 부자인 게이츠 부자가 이야기하듯 빌 게이츠(Bill Gates)가 아프리카에서 태어났다면 마이크로 소프트는 나오지 않았을 것이다. 그래서 빌 게이츠 부자는 보수의 세금 줄이기 정책에 동의하지 않는다.

따라서 민주당은 세금이 얼마나 유용한 수단인지에 대해 적극적으로 알려야 한다. 세금은 불필요한 정부를 유지하기 위해 개인들의 재산을 강탈해 가는 수단이라는 보수의 프레임에 대항해야 한다. 공동체를 위해, 모두가 잘 사는 세상을 위해 세금은 유용한 것이라는 프레임을 활성화시켜야 한다. 따지기만 해서는 주목을 받을 수 없다. 결국 효과를 얻지 못하면, 선거 때 다시 세금을 줄이겠다는 보수의 공격에 속수무책으로 당하거나 어쩔 수 없이 동조하게 된다. 이런 방식으로 선거에서 승리하기는 어렵다는 것이다.

현대의 뇌과학은 인간이 감성적으로 대응하는 이유와 과정에 대해 많이 밝혀냈다. 레이코프는 이러한 새로운 이론을 받아들이는 신계몽주의를 역설한다. 과거의 계몽이 이성에 호소하는 것이라면, 이제는 이성과 함께 감성도 건드릴 수 있는 새로운 계몽주의가 필요하다는 것이다. 보수의 프레임에 맞서 진보의 프레임을 굳건하게 할 전략과 실천을 요구하고 있다.

민주당의 착각

민주당의 착각을 레이코프 식으로 정리하면 다음과 같다. 한국 민주당에게도 적용할 수 있다.

민주당: 사람들은 합리적이다.

　　　사실을 알면 옳은 결정을 내린다.

레이코프: 사람들은 합리적이 아니다.

　　　사람들은 프레임으로 세상을 본다.

　　　보수가 어리석다고 비웃지만, 보수는 프레임을 만들고 있다

민주당: 사람들은 자기 이익에 반하는 비이성적 행동을 하지 않을 것이다.

레이코프: 사람들은 정체성에 투표한다.

정체성이 자기 이익일 때도 있지만, 때론 가치나 동질성일 수도 있다.

민주당: 다수가 찬성하는 정책을 공약하면 이길 것이다.

레이코프: 선거 캠페인은 상품이 아니다.

보수 프레임에서 사람들은 보수의 정책을 지지한다.

보수는 가치를 강조해서 프레임을 만든다.

보수의 프레임을 쫓아가면 진보의 미래는 없다.

유동층에 진보의 프레임을 활성화시켜야 한다.

민주당이 해야 할 일

레이코프는 친절하게 민주당이 해야 할 일을 정리해 주었다.

1. 보수의 업적과 진보의 실책을 인식하라.

진보는 감성에 호소하는 보수의 방법을 배워야 한다. 계몽주의를 벗어나 신계몽주의를 깨우쳐야 한다.

2. 코끼리를 생각하지 마를 항상 기억하라.

보수의 프레임을 부정하는 게 답이 아니다. 보수의 프레임을 부정할 수록 더 공고하게 만드는 효과가 있다.

3. 진실만으로 문제가 해결되지는 않는다.

진보가 생각하는 논리적 진실이 국민들에게는 다르게 보일 수 있다.

4. 항상 진보의 도덕적 가치를 강조하라.

진보의 프레임을 강화해야 한다.

5. 보수 인사들이 어디서 탄생하는지를 이해하라.

보수가 전략적으로 보수의 저변을 확대하기 위해 어떤 투자를 했는지 보고 배워야 한다. 교육과 지원을 통해 진보적 청년들을 육성해야 한다.

6. 여러 의제 분야에서 전략적으로 생각하라.

하나의 의제에서 보수의 프레임을 받아들이면, 더 큰 보수 의제를 수용하는 함정에 빠지게 된다.

7. 제안이 초래할 결과에 대해 생각하라.

보수의 프레임에 빠지지 않도록 조심해야 한다.

8. 유권자들이 정체성과 가치에 대해 투자하는데, 자기의 이익에 배치되는 결정을 할 때가 있음을 기억하라.

합리적인 정책이 때로는 유권자의 지지를 얻을 수 없다는 것을 기억해야 한다.

9. 합심하고 협동하라.
   대기업과 언론, 종교단체, 정당이 합심하여 오늘의 보수를 만들었다. 아직도 서로 따지고 있는 진보는 성찰해야 한다.

10. 이슈를 주도하고 공격적인 입장이 되고, 매일 모든 이슈에 대해 프레임을 재구성하는 것을 훈련하라.
    진보의 프레임을 확산시키기 위해 공격적이 되어야 한다. 많은 연구와 고민이 필요하다.

11. 오른 쪽으로 이동하는 것이 아니라 유동적 투표자(swing voter)에게 내재한 양육 모형(nurturant model)이 활성화되도록 진보적 기반에 호소하라.
    국민들은 진보를 수용할 준비가 되어 있다. 진보의 프레임을 활성화하지 못한 민주당의 문제가 크다.

6

정치적 두뇌

정치적 두뇌

선거는 51% 싸움이다. 대체 유권자들은 진보, 보수, 유동층으로 구성되어 있다고 한다. 상황에 따라 그 비율은 바뀐다. 데이터 분석을 통해 해당 지역의 분포를 파악해야 한다. 논의의 편의상 진보 30%, 보수 30%, 유동층 40%라고 가정해 보자. 일단 단기적으로 이 비율을 상정하고 선거 전략을 짜야 한다. 우리는 앞에서 가급적 유동층에 집중해서 유세를 해야 한다는 주장을 폈다. 그럼 다시 이런 의문이 들 것이다.

'그럼 보수 유권자는 어떻게 대해야 하지'

유세를 하다 보면 적대적인 유권자들을 만난다. 보수 강세 지역에서는 유세단에 욕을 퍼붓고 가는 경우도 자주 접한다. 이럴 경우 거칠게 맞대응하기도 하지만 부작용을 염려해서 넘어가기도 한다. 심지어 친화력이 있는 후보라면 이들도 설득해 보고 싶은 생각도 든다.

'유동층에 대한 설득은 달라야 하나?'

경험이 많은 후보들은 자신만의 대응전략이 있다. 정치 신인들은 당혹스럽다. 어쩔 수 없이 임기응변으로 해결하면서 자기만의 비결을 찾아 간다. 그러나 사전에 약간의 고민을 하고 현장에 나가면 시행착오를 줄일 수 있다.

정치심리학자 드루 웨스턴(Drew Westen)은 이런 질문에 대해 답한다. 그는 2007년 "정치적 두뇌"(Political Brain)라는 책을 냈다. 이 책에서 그는 2004년 대선 기간 중 자신이 진행했던 정치심리학 실험 결과를 보고한다. 당시 공화당의 부시(George Bush)와 민주당의 케리(John Kerry) 후보가 경쟁 중이었다. 스스로 판단하기에 진보와 보수의 신념이 강한 실험 대상들을 모았다. MRI 기계 속에서 부시와 케리가 한 모순된 발언의 슬라이드를 보여주었다. 얼마나 모순되었는지를 판단해서 1에서 4까지의 숫자로 표시하도록 했다. 동시에 MRI로 뇌의 반응을 관찰했다. 비교를 위해 상대적으로 정치색이 약한 배우 톰 행크스의 발언도 함께 보여주었다.

예상대로 진보 유권자는 부시의 발언에 대해 가장 모순된 수준인 4에 가까운 평점을 매겼다. 반대로 보수 유권자는 케리의 발언에 대해 유사한 반응을 보였다. 놀랍게도 자신이 지지하는 후보의 발언에 대해서는 낮은 수준인 2의 평점을 매기면서 별 모순을 못 느낀다는 반응을 보였다. 진보나 보수 유권자 모두에게 같은 반응이 나왔다. 우리가 알던 대로 자신이 좋아하는 후보에 대해서는 편향적인 사고를 한다는 것을 다시 한 번 확인할 수 있다.

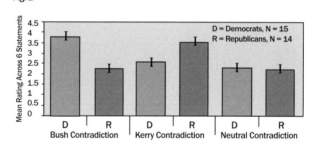

Motivated political reasoning

Fig. 2

웨스턴의 실험이 놀라운 것은 결과가 아니라 과정이었다. 사람들은 편향적 사고에 의한 결정을 신속하게 내렸다. 그렇다고 당황하지 않은 것은 아니었다. 웨스턴은 이렇게 해석을 하고 있다.

'유권자들은 처음에는 당혹감을 느낀다'

웨스턴은 평소 사람들이 혼란스럽고 선택이 어려울 때 작동하는 신경세포들이 반응하는 것을 확인했다. 스트레스를 받을 때의 반응을 보인 것이다. 두뇌는 신속하게 스트레스를 줄이기 위한 작업을 시작했다. 편향된 결정을 내려서 평소 지지하던 후보에게 후한 점수를 주는 해법을 선택했다. 이제 문제는 풀렸고 스트레스는 사라진다. 통상적으로 논리적 사고를 할 때의 신경 세포의 반응과는 차이가 있었다.

웨스턴이 사전에 예상한 대로 결과가 도출되었다. 사람들은 정치적 판단을 내릴 때 매우 신속하게 반응하는데, 그 반응은 이성적인 반응이 아니라 자동 반사적인 반응이었다.

이 실험이 주목받는 이유는 그 다음이었다. 웨스턴이 사전에 예상하지 못했던 상황이 벌어졌다.

'실험 대상자들은 편향된 자신의 선택에 대해 행복감을 느꼈다'

순간적으로 스트레스를 해소하는 결정을 내린 뒤에는 쾌락을 느낄 때의 호르몬이 반응하는 것을 확인했다. 사람들은 스트레스를 해소하기 위해 편향된 결정을 하는데, 그 결정에 만족하여 행복감을 느끼는 과정이 드러난 것이다.

이 실험은 많은 것을 설명해 준다. 선거가 끝나고 사람들은 자신이 선택한 후보가 당선이 되면 엄청난 쾌락감을 느낀다. 반면 패배하더라도 자신의 선택이 잘못되었다고 생각하는 사람은 많지 않다.

선거 토론이 끝나면 사람들은 다 자기가 지지하는 후보가 이겼다고 주장한다. 서로 상대를 이해할 수 없을 정도로 의견 차이가 크다.

"어제 민주당 후보가 참 논리적으로 잘 했지?"
"그래? 내가 보기엔 민주당 후보는 우기기만 하던데……."

사람들은 의도적으로 자신이 지지하는 후보를 두둔하려는 심정 때문이라고 생각한다. 웨스턴의 실험 결과가 의미하는 바는 조금 다르다. 웨스턴은 이런 결과가 의식적으로 무의식적으로 이루어지는지 확인할 수 없다고 했지만, 즉각적 반응이 이루어지고 논리적 사고의 과정을 거치지는 않는다.

서로 다른 정치적 신념을 가진 사람들은 다른 두뇌를 가지고 있다. 서로 다른 두뇌들은 대화하기 어렵다. 설득은 사실상 불가능하다. 보수적인 두뇌를 가진 사람을 설득하려 하면 분노를 일으키기만 한다.

화목했던 집안이 정치 논쟁으로 언성이 높아지고 결국 사이가 틀어지게 된다. 성향이 다른 두뇌를 섣부르게 설득하려 들면 화를 돋우기 때문이다. 정치적 신념은 마약과도 같이 쾌락을 선사하기 때문에, 정치적 갈등이 심해지게 되면 편향된 성향을 더 고착화시킬 것이다.

웨스턴은 오랫동안 진화해 온 두뇌구조를 바꿀 수는 없지만, 이러한 두

뇌의 반응 과정을 알면 더 나은 설득방식을 찾을 수 있다고 주장한다. 웨스턴의 실험에 의한 결론은 명확하다.

"정치적 두뇌는 감성적 두뇌이다."

보수를 대하는 방법은?

보수적 유권자를 설득할 수 없다면 어떻게 대해야 할까? 그렇다고 정치적 성향이 완전히 영구불변한 것은 아니다. 대부분의 사람이 때로는 진보적이고 때로는 보수적이다. 앞서 레이건을 지지했던 민주당원들의 사례처럼, 노동조합 활동을 할 때는 진보적이지만 집에서는 보수의 가치를 중시하는 사람이 많다. 호남에서 민주당을 지지하지만 보수적인 가치를 신봉하는 사람이 많은 것처럼, 회사 생활에서는 진보적인 영남 사람이 보수 정당을 지지하는 경우도 많다.

사람들은 그래도 나름대로의 일관성을 가지고 있다. 주어진 관습 하에서 성공한 엘리트 계층이나 법을 집행하는 법률가들은 보수적일 가능성이 높고, 새로운 사업을 시작하는 스타트업 종사자들은 진보적인 성향이 강하다. 자신이 삶의 지표로 삼는 가치가 영향을 미칠 가능성이 높은 것이다.

사람들은 본능적으로 자신이 살아온 삶을 부정하기 싫어한다. 나이가 들수록 현상을 인정하려 든다. 젊었을 때는 누구나 혁명가를 꿈꾸지만 나이가 들면 어느 사이 변화가 싫다는 사람들이 늘어난다. 아마 새로운 것에 적응하기 힘든 탓일 수도 있다. 거꾸로 나이와 상관없이 새로운 것을 추구하는 경향이 큰 사람은 진보적인 성향을 보인다.

시대가 사람들의 성향을 결정하기도 한다. 매일 권력의 부패가 뉴스를 장식하고 논란이 되면 개혁에 대한 욕구가 커지면서 진보가 늘어난다. 반면 개혁의 모순이 거론되고 피로감이 쌓이게 되면 사람들은 서서히 보수의 편을 들게 된다. 과거의 영향으로 현재의 성향이 결정된다.

선거에 승리하기 위해서는 현재의 흐름을 잘 타야 한다. 대중의 성향을 잘 파악해서 그에 맞는 가치와 정책을 제시해야 한다. 동시에 진보적 주장을 하는 정당에서는 진보가 늘어나는 환경을 만드는 노력을 해야 한다.

중도는 없다

진보와 보수 간 이견 차이가 크다 보니 중간 입장을 취하는 사람들이 있다. 이들을 중도라고 부르지만, 면밀히 분석해 보면 일관되게 중도적인 입장을 취하는 사람들은 많지 않다는 것이 일반적인 분석이다.

미국에서도 투표를 앞두고 진보와 보수의 입장을 결정하지 않은 투표를 지칭하는 많은 단어가 있다. 왔다갔다 투표자(Swing voters), 독립 투표자(independents), 미결정 투표자(undecideds), 미온적 투표자 (uncommitteds), 동시에 이당 저당 후보에 동시에 투표하는 균형투표 자(ticket-splitters) 등이다. 나름대로 합리적이고 전략적이라고 자평 하는 유권자들은 미국에서 동시 선거를 치를 때 대통령 후보는 진보, 국 회의원 후보는 보수를 찍는 경우도 있어서 찾아낸 명칭이다. 이러한 명 칭은 투표자의 이러저런 특징을 잡아낸 명칭인데, 이런 특징들로 보아도 중도는 정확하지 않은 명칭이다.

조사에 따르면 이른바 중도라고 하는 투표자들이 개별 사안에 대해 중도 적 입장을 선택하는 것은 아니라고 한다. 개별 이슈에 대해서는 누구보 다도 열정적일 수 있지만, 그 선택이 진보와 보수를 넘나들어 어느 한 쪽 성향이라고 판정할 수 없다는 것이다. 앞서 지적했듯이 누구나 진보와 보수적인 성향을 다 갖고 있기 때문에, 사안에 따라 민주당을 지지할 수 도 있고 아닐 수도 있다는 의미이다.

그래서 후보자들은 이들 유권자들을 '설득대상자'(persuadables)로 대 하는 자세를 갖는 것이 중요하다. 그리고 이들에 대한 면밀한 분석이 필 요하다. 대개 자기 입장을 정하지 않아, 보기에 미온적인 사람들은 정치 무관심층이 많다. 일상 생활에 바빠서 정치에는 큰 관심을 두지 않는다. 이들은 선거가 다가오고 뉴스에 선거가 거론되는 경우가 많아지면 비로 소 후보들을 쳐다보기 시작한다.

자기가 크게 관심 없는 일을 면밀하게 분석하는 사람은 드물다. 이들 역시 감성적 결정을 내릴 가능성이 높고, 정책 공약에 대해 깊이 이해하지도 못한다. 따라서 정당이나 후보의 인상이나 내세우는 구호가 간접적인 영향을 미치게 된다. 감성적 접근에 소홀한 민주당이 다시 생각해 봐야 할 대목이다.

사실 민주당이 내세우는 가치는 누구에게나 호감이 가는 가치이다. 보수가 자유방임적인 개인의 자유를 강조한다면, 진보는 타인의 자유를 침해하지 않는 모두를 위한 자유를 내세운다. 자유라는 가치를 보수에게 넘길 것이 아니라, 누가 보더라도 더 매력적인 모두를 위한 자유를 더 강하게 알려야 한다. 모두의 자유를 위해 누구에게나 평등한 기회가 주어져야 한다. 국민 개개인에게 더 많은 기회를 제공하는 국가의 역할을 강조할 때, 유권자에 대한 호소력이 커진다. 개인의 안전과 복지를 보장하는 진보의 가치는 누구에게나 매력적이다.

지금까지의 논의를 정리하면 다음과 같다.

1. 유권자는 정체성 투표를 한다
2. 보수와 진보 각 30%는 이미 결정을 내렸다
3. 미결정, 설득대상자 40%는 보수, 진보, 중도로 구분할 수 없다
4. 선거의 승패는 설득대상자 40% 중 21%의 설득 여부에 달려 있다
5. 진보 30%를 어떻게 활용할 것인가?

6. 설득대상자들을 어떻게 설득할 것인가 ?

7. 보수 30%는 어떻게 대처해야 하는가 ?

7

설득의 심리학

선거는 마케팅

선거는 사람들을 설득해서 자신을 지지하게 만드는 행위다. 사실상 기업의 마케팅과 크게 다르지 않다. 기업이 물건을 판다고 하면, 후보는 자신의 가치와 정책을 판다. 마케팅과 같은 점을 주목하는 이유는 마케팅의 기법을 배우기 위해서이다.

기업은 많은 비용을 들여 마케팅을 한다. 자연히 연구도 많이 한다. 성공적인 마케팅 기법과 관련하여 많은 연구가 이루어졌다. 어느 나라이건 선거에서도 이런 마케팅 기법을 차용한다. 따라서 후보나 지지자들을 위해 마케팅 기법을 소개할 필요가 있다.

다니엘 핑크(Daniel Pink)는 그의 저서 '파는 것이 인간이다'(To Sell is Human)에서 마케팅은 우리의 모든 생활에 영향을 미치고 있다고 주장한다. 그런 취지에 따라 기업의 현대적 마케팅 기법을 일상의 처세술로 소개하고 있다. 마케팅과 유사한 선거를 고민하는 후보로서는 당연히 배워야 하는 기법들이다.

과거에는 마케팅에서 판매자는 상품에 대해 잘 설명하는 것이 중요했다. 소비자가 정보를 얻을 방법이 많지 않았기 때문이다. 그러나 인터넷 시대에 소비자들은 많은 경로를 통해 정보를 알 수 있다. 이제는 거의 판매자와 대등한 정보를 가지고 있다. 새로운 마케팅 기법이 요구된다. 이런 새로운 환경에서는 일체감이 가장 중요하다고 보았다. 고객의 입장에서 생각하는 조율(attunement)이 마케팅의 핵심으로 떠올랐다.

심리학 실험 중에 E 테스트라는 것이 있다. 피실험자에게 다양한 것을 시켜서 주의를 분산시킨 후 갑자기 이마에 E자를 쓰라고 요구하는 것이다. 이 때 사람들의 반응은 미세한 차이를 보인다. 어떤 사람들은 자기 입장에서 E자를 쓴다. 그러면 맞은 편 사람에게는 거울에 비친 E가 된다. 어떤 사람들은 상대방이 인식할 수 있도록 E자를 쓴다.

꼭 그렇지는 않지만 평균적으로 권력이 있는 사람들은 자기중심적이다. 상대방을 배려하지 않는다. 그러다보니 고객의 요구를 이해하는데 소홀하다. 결과적으로 실적을 내기 어렵다. 기업에서 판매왕들은 대부분 상대방의 입장에서 대화를 나누고 설득하는 사람들이었다. 핑크의 결론은 의미심장하다.

'권력을 내려놓으면 권한이 생긴다.'

마케팅 심리학자들의 연구결과이다. 자기를 낮추는 사람은 상대방의 시각에서 보려고 노력한다. 그러다보니 고객과 일체감이 높아지고, 고객은 호감을 느낀다. 고객은 기꺼이 지갑을 열게 된다.

정치도 마찬가지이다. 과거에는 권위적인 정치인이 높은 인기를 누렸다. 정치인들은 시혜적인 정책을 펼 때 지지를 받았다. 그러나 이제 선거를 자주 치르고 인터넷을 통해 다양한 정보를 얻게 되면서 상황이 바뀌었다. 이미 오래 전부터 지역에서는 건방지다는 소리를 들으면 다음 선거가 어렵다는 게 정설이다.

E 테스트를 이용한 다양한 실험이 이어졌다. 사람들은 완장을 차면 권력이 생겼음을 느낀다. 완장을 찬 사람들은 E자를 어떻게 쓸까? 실험에서 높은 직위를 부여하면 자기중심적이라는 것이 확인되었다. 그러면 타인의 시각을 무시하게 된다. 정치권에서 완장 차면 안하무인인 사람들을 흔히 본다. 국민 밉상으로 등극하게 된다.

정치인은 항상 겸손해야 한다. 겸손이 외형적인 것만 의미하는 것은 아니다. 핵심은 고객의 시각에 맞추라는 것이다. 현대 마케팅 기법이 정치인에게 알려주는 교훈이다.

'자신을 낮추면 권력이 생긴다.'

설득의 7가지 법칙

심리학의 연구 결과를 이용한 수많은 설득의 교훈들이 있지만, 여기서는 로버트 치알디니(Robert Cialdini)의 '설득의 심리학'(Influence)에서 설명한 7가지 법칙을 소개한다.

1. 보상심리(Reciprocation)

사람들은 착하다. 무언가를 받으면 갚고 싶은 심리가 있다. 대형 마트에서 공짜로 음식을 주는 마케팅은 바로 이런 심리를 이용한 것이다. 대개 신제품을 소개하는 방식으로 위장하지만 사실은 이런 꿍꿍이가 있다. 작은 선물이라도 받은 고객들은 뭔가 보상해 주고 싶은 충동을 느낀다. 큰 무리가 없다면 사고 싶어진다. 할인까지 해 주면 금상첨화가 된다. 할인 상품에 시식 코너를 여는 이유이다.

민주당은 집권당으로 복지를 크게 확대했다. 이런 혜택을 받은 사람들에게 넌지시 알려주는 홍보가 필요하다.

'최저임금 올라서 도움이 좀 되셨지요?'

최저임금이 올라서 수많은 사람이 혜택을 받았다. 그런데 보수 언론이 비판만 하고 자영업자의 피해만 부각된다. 어느 사이 최저임금 인상은 잘못된 정책이라는 프레임에 빠지게 된다. 혜택을 받은 사람들도 찬성의 목소리를 내지 못한다. 그렇지만 실제로 혜택을 받은 사람들이 분명히 있다. 그들의 보상심리를 자극해야 한다.

'치매 어르신 치료비가 많이 내렸지요?'

치매국가책임제는 고령화시대 많은 가족에게 큰 위안을 주었다. 그런데 대부분의 사람들은 그 혜택을 민주당과 연계시키지 못한다. 민주당은 홍보에 미흡하다.

보수는 자신의 지지자들인 이해집단 특히 지도부에 확실히 보상한다. 많은 단체의 지도부에 개인적인 혜택을 남발한다. 보수의 조직관리가 영향력을 발휘한다. 반면 진보는 그런 특정인에게 부여하는 특권적인 혜택보다는 전체 구성원에게 혜택이 돌아가는 정책을 추진한다. 많은 사람들이 혜택을 받은 것은 당연하게 받아들인다. 민주당에는 보상심리가 작동하지 않는 것이다. 민주당의 노력으로 작은 것이라도 혜택이 돌아갔다면 그것이라도 제대로 알려야 한다.

2. 호감(Liking)

미국의 보수 채널인 팍스뉴스의 앵커들은 대부분 연예인 급 미남 미녀들이다. 보수의 뉴스 채널은 정보를 전달하는 것보다 감성적 접근을 우선시 한다. 자신들의 주 고객인 백인 남성들을 위해 미녀 앵커들을 전면에 배치한다. 백인 남성들이 호감을 느끼는 미녀 앵커들을 통해 민주당을 비판하고 공화당을 찬양한다. 호감을 느끼는 대상을 이용하여 유리한 프레임을 작동시키고 있다.

전통적인 뉴스 채널에서도 앵커의 미모를 경시한 것은 아니지만, 뉴스의 신뢰를 높이기 위해 지적인 느낌을 주는 앵커들이 활약했다. 하지만 일반 대중은 감성적으로 대응한다. 팍스 뉴스는 눈요기감을 원하는 대중을 대상으로 한 마케팅 기법을 동원한 것이다. 뉴스를 예능으로 만들었다는 비판을 받고 있지만 아랑곳없이 공화당의 선전 방송 역할을 톡톡히 하고 있다. 한국의 보수 채널들도 유사한 기법을 사용하고 있다.

사람들이 호감을 느끼는 것은 외모뿐만 아니다. 비판하는 사람보다는 자신을 칭찬하는 사람을 좋아한다. 만날 때마다 왜 개혁에 동참하지 않느냐고 따지는 사람보다는 속은 썩었을지 모르지만 좋은 말만 하는 사이비 신사가 더 편안하다.

자신과 비슷한 사람을 좋아하는 것은 거의 본능에 가깝다. 고향이 같다거나 같은 배경을 가진 사람을 좋아한다. 맞선 자리에서 상대가 호감이 가면 같은 취미나 취향을 찾기 시작한다. 함께 좋아하는 음식이나 식당, 스포츠 등을 찾아내면 자연스럽게 대화가 진행되고 호감도가 높아지게 된다.

심리학 실험에 의하면 상대의 동작을 따라 할 때 호감도가 높아진다고 한다. 그리고 사람들은 무의식적으로도 자신이 좋아하는 사람의 표정이나 동작을 따라한다. 모두 상대의 시각을 이해하려 노력할 때 가능한 마케팅 기법이다.

3. 사회적 증명(Social Proof)

사람들은 자기가 속한 집단의 의견을 따를 때 편안함을 느낀다. 학부모들 모임에서 엄마들이 아이들 이야기만 하는 것은 아니다. 대화중에 같은 가전제품을 사용하는 사람이 많으면 사게 된다. 기업은 이런 코드를 이용하여 대상 고객들을 집중적으로 공략하는 기법을 사용한다. 대상 그룹의 사용자가 늘어나면 그 다음에는 저절로 매출이 늘게 된다.

진보가 포스팅 방식의 페이스 북이나 트위터 등을 유용하게 사용했다면, 보수는 주 지지층인 고령층이 많이 사용하는 카톡방을 활용했다. 이른바 태극기 부대로 알려진 열성적인 고령 지지층의 단체 카톡방은 노인들을 이탈하지 못하게 하는 핵심 홍보수단의 역할을 했다. 개인 카톡이 은밀한 정보 전달이라면, 단체 카톡은 사회적 소속감을 강화하는 설득 수단이기 때문이다.

4. 권위(Authority)

보수가 많이 사용하는 방식 중의 하나는 불안과 공포를 조장하는 방식이다. 앞서 지적한대로 세상은 위험하니 아빠의 품으로 돌아오라는 '엄격한 아버지' 프레임을 작동하는 것이다.

코로나로 인한 피해가 늘어가자 야당은 집중적으로 그 피해를 강조하며 불안을 조성하기 위해 노력했다. 메르스 당시 비판을 받은 보수 정부의 권위가 실추된 경험을 되살리는 듯 했다. 그러나 국제적으로 한국은 가장 모범적으로 코로나를 대응하고 있었다. 미국에서 트럼프의 코로나 대응을 비판할 때 한국을 많이 비교할 정도였다. 이제 막 후진국에서 벗어난 한국이 적극적 검사를 통해 안정적인 관리를 하는 데 반해 미국에서는 검사 키트를 구하기도 힘들었다.

야당의 인사들이 현장의 혼란스러움을 들어 비판의 강도를 높였으나, 다양한 방식으로 외신을 접한 국민들이 늘어나며 오히려 야당에 대한 신뢰를 떨어뜨렸다. 해외 전문가들과 권위 있는 언론들의 한국 예찬이 이어지고, 코로나 대응은 한국의 위신을 높이는 중요한 계기가 되었다. 이러한 사실이 퍼지면서 야당에게는 오히려 독이 되었다. 과거와 같이 해외의 소식이 잘 전해지지 않았다면 야당의 전략이 성공했을 수도 있다.

사람들은 혼란을 느낄 때 권위에 의존한다. 제품이 안전하다는 것을 선전할 때 해당 분야 권위자의 실험 결과를 인용한다. 돈에 양심을 판 학자들도 꽤 많아서 신뢰를 잃기도 하지만 여전히 유용한 방법이다. 엉터리학자들의 정치편향적인 발언을 대대적으로 보도하는 것은 바로 이 같은 권위 있는 견해를 가장한 마케팅 기법이다.

대학의 전공 분야는 세분화되어 있어서 자기 전공분야가 아니면 알지 못하는 경우가 많다. 불평등을 전공하지 않았다면 최신의 이론인 '소득주도성장'에 대해 알기 어렵다. 해당 분야 교수들은 모두 말을 아끼는 가운데, 정치 편향적인 일반 교수들을 앞세워 공격했다. 경제학회 회장들은 보수 언론의 좋은 먹이감이 되었다. 부정적인 말 한 마디가 대서특필되었다. 권위를 앞세운 집중 공격에 '소득주도성장'은 대중적 신뢰를 잃고 말았다. 진보의 새로운 성장정책으로 중요한 수단이었는데 선거에 사용하기 힘들게 되었다. 마케팅 부족 탓이었다.

5. 헌신과 일관성 (commitment and consistency)

영어의 commitment는 행동으로 자신의 선택을 보여주는 행위를 말한다. 이럴까 저럴까 망설이는 것이 아니라 결정에 한 발을 내디딘 것이다. 이렇게 한 발을 내딛고 나면, 이후에는 망설일 때와는 의사결정 과정이 달라진다. 전설적인 자동차 세일즈맨들이 자랑하는 이야기를 종종 듣는다.

'나는 엑셀 사러 온 고객에게 에쿠스를 판 사람이야.'

여유는 있지만 소형차가 자신에게 맞는다고 생각해서 자동차 대리점을 방문하면, 세일즈맨은 훌륭한 선택이라고 칭찬을 아끼지 않는다. 그런데 기왕 사실꺼면 조금만 더 쓰시면 훨씬 좋은 자동차를 사실 수 있다고 중형 자동차의 장점을 나열하면 고객은 자기도 모르게 빨려 들어간다. 심리학적으로 이미 방향을 설정하고 결정했다면, 크기나 경비는 그 다음 문제가 되기 때문이다. 그런 과정을 거치고 나면 대리점에서 가장 고급의 대형 자동차를 사는 계약서에 사인하는 자신을 발견하게 된다.

민주당은 최근 선거에서 압승을 거두었다. 민주당에게는 매우 좋은 마케팅 소재가 된다. 유권자들은 이미 민주당을 좋아하는 선택을 한 경험이 있다. 이것이 다음으로 이어지게 하려면 당신이 한 결정을 기억나게 해야 한다.

'지난 번 저를 찍어주셔서 감사합니다.'
'선생님께서 지원해 주신 덕분에 우리 지역이 이렇게 좋아졌습니다.'

상점에 들어온 고객에게 아주 싼 미끼 상품을 던지면 고객은 어차피 계산대에서 계산을 해야 한다. 상점을 둘러보며 다른 물건들을 살 가능성이 높아진다. 미국의 자선단체들은 작은 기부금을 요구한다. 별 부담이 될 것 같지 않은 소액을 보냈다. 모금 비용도 될 것 같지 않은 금액이었는데, 한 보따리 선물을 보내 준다. 그리고는 착한 일을 했다는 칭송 메시지를 수없이 보낸다. 이미 그 단체의 취지에 공감한다는 결정을 내렸기 때문에 기부금을 더 보낼 확률이 높아진다.

모두 일상적으로 사용하는 마케팅 기법이다. 정당이나 후보도 이런 기법을 적극 사용해야 한다. 진보의 경우에는 공동체 활동을 하는 유권자가 모두 중요한 설득 대상자가 된다. 봉사활동을 하는 고령 유권자를 적극 칭송하면 어느 사이 태극기 부대에서 나와 공동체의 가치를 중시하는 민주당 지지자가 될 것이다.

6. 희소성(Scarcity)

홈쇼핑 채널에서는 볼 때 마다 상품이 몇 개 남지 않았다고 쇼호스트가 외치는 경우를 많이 본다.

'아니, 상품을 많이 준비하면 되는데 왜 맨날 품절이라고 할까?'

다 마케팅 기법이다. 몇 개 안 남았다는 이야기를 하면서, 쇼호스트는 우리의 무의식에게 이렇게 이야기하고 있다.

'다른 사람들이 많이 산 거 봤지. 그러니 안심하고 빨리 사.'

몇 천개의 상품이 팔렸다고 이야기하면 사람들은 감을 느낄 수 없다. 그러나 다 팔리고 품절 일보 직전이라면 많은 사람들이 샀다는 인상을 준다. 그리고 더 중요한 메시지가 전해 온다.

'지금 안사면 너에게는 기회가 없어.'

시청자는 나도 모르게 급해진다. 무의식은 우리에게 서두르라고 강요한다. 살 생각이 없던 상품인데도 충동적으로 사고 싶어진다. 차분히 고민하고 싶은데 시간이 없다. 효과를 본 홈쇼핑 업체들은 너도나도 같은 기법을 채택한 것이다.

선거에 적용하기는 무리한 규칙이다. 그런데 가끔 선거에 나올 때마다 떨어진 후보가 이번이 마지막이라고 하면서 호소를 하면 유권자가 흔들리는 사례에 적용할 수 있을 것 같다. 여러 차례 낙선한 것이 안타깝기도 하고, 마지막이라니 내가 그에게 동정심을 표할 기회는 다시는 없다고 이야기하는 것 같다. 간혹 6수 7수 만에 무소속으로 당선된 후보가 나오는 이유로 생각된다.

영남 지역에서 민주당 후보는 이 희소성으로 감성에 호소하는 방법을 사용할 수 있을 것이다. 영남 지역에서 민주당의 지지도는 이제 30%는 넘어 섰다. 그런데도 당선된 후보는 아직 많지 않다. 대중의 희소성에 대한 심리에 호소할 필요가 있다.

7. 일체성(Unity)

역시 선거의 최고 구호는 '우리가 남이가'이다. 지역감정을 부추기는 나쁜 사례로 많이 사용되지만, 기본적으로는 같은 소속감을 가진 사람들이 일체감을 강화하는 최고의 마케팅 구호이다. 학연, 지연을 이용한 일체감을 넘어 이용할 필요가 있다.

좋은 가치를 주장하는 민주당은 이런 가치를 중심으로 한 일체감을 조성할 필요가 있다. 아이들에게 안전한 사회를 만드는 일에 반대할 사람은 없다. 공통의 목표를 향한 같은 부모로서의 일체감을 느낄 수 있다. 공감이라는 가치를 중시하는 민주당은 함께 가난한 사람들을 위한 연대를 만들어 갈 수 있다. 기후위기에 대해 보수정당보다는 진보정당이 더 적극적이다. 많은 사람들은 기후위기에 대응하는 작은 운동에 참여하는 것에 자부심을 느낀다. 모두 민주당과의 일체감을 느낄 수 있는 좋은 소재들이다.

설득의 대화법

데일 카네기(Dale Carnegie)는 처세술의 달인으로 불린다. 그의 인간

관계와 처세술 책은 여전히 베스트셀러 명단에 올라 있다. 시대를 넘어 통용되는 주옥같은 명언을 많이 남겼다. 선거는 말로 하는 경쟁이다. 설득을 위해 어떻게 해야 하는지 그의 충고를 들어보자.

"사람들과 이야기할 때, 서로 의견이 다른 이야기부터 하지 마세요. 서로 동의하는 것부터 강조 또 강조하세요. 가능하다면, 같은 목표를 향해 노력하고 있음을 강조하고, 유일한 차이는 방법에 있지 목적에 있지 않음을 강조하세요."

"비판하지 말고, 상대의 이름을 부르고, 경청하세요."

"미소를 짓고, 상대의 관심사를 주제로 이야기하세요."

"상대가 틀렸다고 절대로 말하지 마세요."

"상대가 '그렇지, 그렇지' 할 수 있도록 대화를 이끌어가세요."

"함께 나눈 이야기를 상대가 자신의 생각이라고 느끼게 해 주세요."

정치적 대화에서 맞고 틀린 것은 없다. 다만 견해가 다를 뿐이다. 한 사람이라도 더 설득해야 할 후보나 정당의 지지자가 다른 사람의 견해를 틀렸다고 이야기하는 것은 화를 돋울 뿐이다. 민주당의 좋은 가치를 전면에 내세우고 함께 동의하는 부분을 찾아나가야 한다.

SNS상에서 자신의 견해에 동의하지 않는 사람들을 향해 거친 공격을 하는 사람들이 많다. 안타까운 일이다. 그렇게 공격을 하는 목적을 이해하기 어렵다. 비난 일변도의 공격으로 설득당할 사람은 없다. 오히려 반감을 강화시킬 뿐이다.

최악의 경우는 민주당과 진보 정당 지지자 간 다툼이다. 보수와의 프레임 전쟁에서 밀리고 있다는 문제의식을 갖는다면 납득하기 어려운 일이다. 함께 힘을 합쳐 대응해도 모자랄 판인데 조금의 차이를 파헤쳐서 서로 다투는 것은 안타깝다. 평소 전략적 시각이 부족하기 때문이다.

방어벽을 내려라

방어벽을 쌓고 있는 사람에게 아무리 좋은 이야기를 해 주어도 들리지 않는다. 사춘기 청소년들에게 부모의 이야기는 거슬릴 뿐이다. 해 줄 이야기가 많아도 참아야 한다. 마음의 문을 열기 전까지는 '또, 잔소리'에 불과하다. 마찬가지로 정치 무관심층에게 정치적 견해는 소음에 불과하다. 바쁜 상인에게 다가가 지지를 호소할 때 요령 있게 다가가지 않으면 설득하기 어렵다.

카네기의 조언도 같은 취지이다. 방어벽을 내릴 때까지는 상대의 이야기를 경청하고 동의해야 한다. 내가 TV 토론에 나갔을 때 나는 3단계 방법을 사용했다.

첫 번째는 방어벽을 낮추는 단계이다. 함께 동의하는 사안에 대해 공감을 표하는 것이 중요하다. 처음부터 동의하기 어려운 주장을 하며 전투적으로 나오는 상대에 대해서는 누구나 동의할 수 있는 당연한 이야기를 한다. 토론의 상대보다는 시청자를 염두에 두어야 한다. 누구나 동의하는 이야기를 할 때 시청자는 끄덕이게 된다. 만약 그런 이야기에 상대가 반박하면 상대방에 대한 호감도가 줄어든다.

두 번째 단계에서는 새로운 정보를 제공한다. 고개를 몇 번 끄덕인다고 자신이 갖고 있던 견해를 바꾸기는 힘들다. 뭔가 새로운 계기를 마련해주어야 한다. 그런 계기는 새로운 정보를 접할 때다. 잘 알려지지 않았던 정보를 구체적인 데이터와 함께 제공하면, 보통 사람들은 흥미를 느끼게 된다. 방어벽을 내린 사람들은 새로운 정보에 대해 흥미롭게 반응한다.

앞의 두 가지 방법을 써서 주목을 끌었다면 이제 본격적으로 나의 주장을 펼칠 수 있다. 이때에도 내가 주장을 하는 것 보다는 앞의 이야기에서 논리적으로 귀결될 때 효과가 크다. 시청자들은 마치 자신이 결론을 내린 것 같은 느낌을 갖게 된다. 그렇지, 그렇지 하며 고개를 끄덕이다가 논리적으로 나의 결론에 도달할 수밖에 없게 된다.

카네기가 일찍이 지적한 대로 함께 대화를 나누었고 상대의 논리를 인정했을 뿐인데, 마치 내가 주도적으로 결론을 내린 것 같은 느낌을 줄 때 설득은 성공한 것이다. 남의 이야기가 아니라 내가 주도적으로 내린 결론에 대해서는 자기 방어의 본능이 발동한다.

그 외에도 수없이 많은 설득을 위한 방법론과 규칙이 있다. 실제 선거를 하다보면 스스로의 경험에 의해 효과적인 방법을 깨닫게 된다. 이러한 경험을 바탕으로, 심리학의 다양한 이론에 관심을 갖고 꾸준히 공부하면 선거를 승리로 이끌 수 있을 것이다.

8
실전 매뉴얼

1. 면접 준비를 하라

선거를 면접으로 생각해 보자. 유권자는 심사위원이고 여러 후보를 면접한 다음 한 사람을 합격자로 선택한다. 면접시험을 앞둔 수험생을 생각하며 선거 준비를 해 보자.

교수 시절 면접을 앞 둔 학생들에게 조언을 할 기회가 있었다.

1. 면접장에 들어가서 어떤 자세로 이야기할지 미리 준비한다.
2. 첫 인상이 중요하다.
3. 좋은 인상을 주기 위해서는 스스로 자신 있는 자세가 필요하다.

4. 면접장에 들어가면 면접관들에게 공손하게 목례를 한다.

5. 면접관들 앞에 서면 공손하게 눈을 마주친다.

6. 질문에 답하면서 자신의 장점이 드러나도록 노력한다.

대체로 사람마다 조금 씩 다르지만 이런 정도로 조언했던 것 같다. 입사 경쟁이 치열해진 탓에 요즘은 모의 면접을 치르기도 하고, 따로 교습을 받기도 한다고 들었다.

면접도 모의시험을 치른다면 출마하는 후보자는 더 많은 준비가 필요하지 않을까? 간혹 현장에서 전혀 준비가 되어 있지 않은 후보를 만나게 되는데, 그럴 때마다 의구심이 든다.

'아니, 연습도 안하고 나왔나?'

후보자의 행동 하나하나가 어설프다. 그러면 유권자들은 금방 느낀다. 유권자들이 싸늘한 반응을 보이면서 승리하기 어렵게 된다. 본인은 아는지 모르는지 열심히 하는 모습에 답답할 때가 있었다.

입후보할 생각이면 미리미리 다선 의원들의 선거 광경을 보기를 권한다. 별 볼 일 없다고 생각하지만, 다들 나름대로의 비결을 펼치고 있다. 이런 준비 없이 선거에 나서면 성공하기 어렵다.

면접을 준비하는 학생은 거울보고 연습하지 않나. 왜 출마자는 그런 노력을 기울이지 않는지 모르겠다. 천의 얼굴이 되도록 배우가 되는 연습을 해야 하고, 인사하기, 악수하기, 말 건네기 등을 연습해야 한다. 유권자들과 함께 웃기도 하고, 때로는 분노하고, 함께 울분을 느끼며 감정을 공유하기 위해 준비해야 한다. 자신의 진심을 몸으로, 표정으로, 태도로 전달해야 한다. 그런 마음가짐이 없다면 포기하는 게 좋다.

2. 자신부터 설득하라

스스로 확신이 없다면 다른 사람을 설득할 수 없다. 선거는 힘든 과정이다. 그 과정을 거쳐 최종 목표에 도달하기 위해서는 목표의식이 뚜렷해야 한다. 무엇을 위해 출마했으며 당선되면 무엇을 할 것인지 명확해야 한다. 자기 자신에게 반복해서 질문을 던져야 한다.

'왜, 무엇을, 어떻게'

인물은 선거를 결정하는 중요한 요인이다. 자신이 추구하는 가치와 일체감을 느낄 수 있어야 한다. 외형적인 분장은 쉽게 드러난다. 소명감과 성취감을 즐길 수 있어야 성공적인 캠페인이 가능하다.

자기 자신에 대한 설득과정을 통해 명확한 목표의식, 가치와 철학, 핵심 정책 구상을 구체적으로 작성해야 한다. 평소 자신의 정치 철학이 확고

한 정치인이라도 사전에 글로 정리해야 한다. 선거는 혼자 치르지 않는다. 후보의 생각을 주변과 공유해야하기 때문에, 주변의 조언자들과 상의해서 자신의 생각을 정리해야 한다.

다음 단계는 가족을 설득해야 한다. 정치인들이 곤혹을 치르는 것을 많이 보아온 가족들은 출마를 반대하는 경우가 많다. 가족의 든든한 후원이 없으면 선거를 치르기 쉽지 않다. 가족의 도움을 받지는 못하더라도 최소한 동의는 받아야 한다. 나중에 가족과 관련한 문제가 불거질 수도 있기 때문에 미리미리 대비를 해야 한다.

캠프를 준비하기 위한 주변 인물들과 가치와 철학에 대해 충분히 상의해야 한다. 동시에 전문가들의 자문을 받아야 한다. 선거의 양상이 매번 바뀌기 때문에 경험이 많은 사람들의 조언은 유용하다. 선거 전략 전문가(Strategic Adviser), 데이터 과학자(Data Scientist), SNS전문가(SNS Specialist), 인플루언서(Influencer)들과 미리 준비를 하면 좋다. 이들 전문가들의 지원을 받지 못하면, 후보나 조력자가 여러 역할을 수행해야 한다.

이들 전문가들과 함께 선거구를 분석하고, 선거구의 특성에 맞는 전략과 메시지를 정해야 한다. 여러 번 선거를 치른 후보는 해당 지역구에 대한 많은 자료를 가지고 있다. 반면 정치 신인들은 정보를 얻지 못하는 경우가 많다. 민주당에는 이런저런 정보를 가진 다양한 전문가들이 있다. 대부분 흔쾌히 조언에 응할 사람들인데도 묻지도 않는 경우가 허다하다. 선거는 많은 사람의 도움을 받아야 한다. 아쉬운 소리를 하는 것이 선거다.

3. SNS를 활용하라

이제 선거에서 SNS는 필수적인 수단이 되었다. 신문이나 방송은 과거에 비해 영향력이 많이 줄었다. 모바일 시대가 되었고 사람들이 휴대전화를 이용하는 시간이 늘고 있다.

그런데도 정치인들의 SNS 이해도는 아직 낮은 수준이다. 2015년 민주당의 소통본부장을 하면서 놀랐었다. 아직도 SNS는 중요하지 않다고 주장하는 정치인들도 꽤 있다. 지역에 따라서는 SNS가 별 영향을 못 미칠 수 있다. 그러나 청년들은 물론 중장년들도 점점 SNS활용도가 늘어나고 있다. 노년층도 카톡 사용이 일상적이다. 최근에는 유투브를 통한 소통이 활발하게 이루어지고 있다.

SNS를 통해 4가지 효과를 기대할 수 있다.

1. 홍보 효과
과거의 언론을 대체하는 기능으로 사용하는 방법이다. 그래도 SNS에 맞는 콘텐츠를 개발해야 한다. 간단한 메시지부터, 포스터, 카드뉴스, 동영상 등 다양한 내용을 전달할 수 있다. 짧고 파괴력 있는 내용을 만드는 것이 중요하다. 유행은 조금씩 바뀌고, 사람들이 많이 사용하는 SNS와 용도도 바뀐다.

2. 여론수집 효과

유권자와 소통할 수 있는 창구를 잘 개발해 놓으면 다양한 용도로 사용할 수 있다. 정치인들은 항상 민의를 알고자 한다. 직접 만나는 것을 제외하고는 SNS만큼 민의를 알 수 있는 통로는 많지 않다. 카페나 동호회 커뮤니티 등 다양한 모임에 가입해서 여론을 파악할 수 있다. 세대별 지역별 다양한 커뮤니티의 동향을 파악할 수 있다.

3. 쌍방향 소통 효과

SNS의 가장 큰 장점은 쌍방향 소통이다. 그런데도 SNS를 단순 홍보수단으로만 생각하는 사람들도 많다. 거리에 나가 한 사람을 만나는 것과 SNS에서 소통하는 것의 차이는 없다. 오히려 더 깊은 대화를 할 수 있고 적극적 지지자가 될 수도 있다.

성남 시장이었던 이재명이 전국적 인물이 된 것은 SNS의 역할이 컸다. 초기부터 SNS전문가들의 자문을 받아가며, 열심히 쌍방향 소통을 한 덕분이다. 시민들이 직접 시장과 소통할 수 있는 길을 열어놓은 덕분에 관료주의를 타파하고 직접 민주주의를 실천할 수 있었다. 효율적인 SNS사용에 대해 고민을 해야 한다.

4. 조직 강화 효과

SNS는 조직 관리를 위해 필수적인 수단이 되었다. 과거와 달리 이제 지역에서 상당히 큰 조직을 직접 운영할 수 있다. 정치인들은 대부분 수십 개의 카톡방을 상시로 운영하고 있다. SNS는 직접민주주의의 중요한 수단이 되었다. 상시적인 관리에 상당한 노력을 요구하지만 투자한 만큼 성과를 기대할 수 있다.

4. 다름을 인정하라

이제 직접 만나야 한다. 과거에는 유세차를 이용한 연설을 중시했으나 최근에는 유세차 연설은 효과가 떨어지는 것으로 인기를 얻지 못하고 있다. 보조 연설원이 유세차에서 연설하면, 후보는 직접 유권자를 만나는 방식이 일반적이다.

유세는 기본적으로 무지개 마을에서 파랑이가 지지를 호소하는 것과 같다. 다른 사람들은 다른 색깔을 가지고 있다. 앞에서 지적한 대로 논리적 설명으로는 감성적 유권자를 설득할 수 없다.

수없이 많은 유권자를 만나지만 짧은 순간 유권자의 색깔을 인식하는 것이 중요하다. 지역에 따라 나이에 따라 어떤 성향인지 미리 데이터 분석을 통해 파악하고 있어야 한다. 후보가 직접 유권자를 만난다는 것은 맞춤형으로 공략한다는 의미이다. 맞춤형 설득에 유권자 성향 파악은 필수적이다.

보통 세일즈맨은 외향적이라고 생각한다. 처음 만난 사람들과 사귀기 위해서는 사교적이어야 하기 때문이다. 그런데 의외로 훌륭한 세일즈맨들은 내성적인 사람인 경우가 많다. 자신의 주장을 하기 보다는 고객의 성향을 파악해서 맞춤형으로 대응할 때 효과가 크기 때문이다.

5. 경청하고 공감하라

지지를 얻는 최고의 전략은 유권자와 일체감을 조성하는 것이다. 사람들이 일체감을 느끼는 요인으로는 지연이나 학연 등을 꼽을 수 있지만, 일반적으로는 나와 생각이 비슷할 것 같은 후보에게 끌리게 된다. 나의 이야기를 대신 해주는 후보, 내 이야기를 들어줄 것 같은 후보가 친근감을 준다.

친근감을 주는 최고의 후보는 최문순 강원도 지사이다. 그는 항상 털털한 외모로 사람 좋은 미소를 지으며 유권자를 만난다. 공손하게 인사하고 유권자가 이런저런 조언을 늘어놓으면, 특유의 '네네네네'를 연발하며 이야기를 듣는다. 민주당 욕이라도 함께 공감해 줄 것 같은 최고의 친화력을 자랑한다. 최문순이 지나가면 유권자들은 기분이 좋아진다. 보수적인 강원도에서 민주당 후보로 3선에 성공한 비결이다.

6. 프레임으로 설득하라

유권자와 논쟁을 하는 것은 반드시 피해야 할 행동이다. 보수적인 언론 환경에서 보수적인 프레임의 논리구조를 가진 유권자에게 직접적으로 반론을 펴는 것은 효과가 없다. 강성 보수 유권자에게는 이야기를 들어 주고 성격 좋은 후보라는 인상을 남기는 정도가 최선일 것이다.

설득이 가능한 유권자의 경우에도 논리적 설명보다는 프레임을 이용하는 것이 좋다. 유권자의 비판을 반영할 수 있는 민주당의 가치를 내세워 유권자의 고개를 끄떡이게 해야 한다. 진보적인 유권자가 많은 곳에서는 진보적인 가치를 공유해서 진보 프레임을 강화해야 한다. 보수적인 유권자가 많은 곳에서는 그들이 동의할 수 있는 진보의 가치를 이야기해야 한다. 함께 잘 사는 사회를 위한 민주당의 노력을 피력해야 한다.

선거 기간 중에 후보 간 토론이나 인터뷰, 연설, 개인 간 대화 등 다양한 기회가 주어진다. 이 모든 기회를 설득대상자인 유권자를 염두에 두고 사용해야 한다. 설득대상자의 감성과 무의식에 영향을 미치도록 프레임을 만들어가야 한다.

정치 토론 중에 정직하게 상대 후보와 토론하는 후보들이 많다. 물론 토론에 집중하는 모습을 보이는 것은 중요하지만, 발언의 목표는 토론을 보고 있는 설득 대상자이다. 어차피 진보 후보자는 민주당 후보의 주장에 공감하고, 보수 후보자에게는 진보의 논리가 화를 돋운다. 감성에 호소하고 프레임을 잘 사용하면 표를 줄 것 같은 20% 설득대상자를 염두에 두고 항상 토론이나 인터뷰에 임해야 한다.

이런 프레임을 이용한 발언은 기억에 오래 남는다. 민주노동당 의원이었던 노회찬의 발언은 압권이다.

"한나라당과 민주당, 고생하셨습니다. 이제 퇴장하십시오. 50년 동안 썩은 판을 이제 갈아야 합니다. 50년 동안 똑같은 판에다 삼겹살 구워먹으면 고기가 시커매집니다. 판을 갈 때가 이제 왔습니다." (노회찬, 2004 심야토론에서)

이 발언이 기억에 남는 이유는 연상 작용을 불러 일으켰기 때문이다. 누구나 시커먼 삼겹살 불판 때문에 짜증난 일이 있을 것이다. 시커먼 삼겹살 불판과 다른 당을 슬쩍 연결시키면서 동시에 불에 탄 삼겹살을 연상시켰다. 거대 양당은 부패했다는 시중의 의구심을 프레임으로 각인시킨 훌륭한 전략이다.

앞서 이야기했던 레이건의 복지여왕 사례도 마찬가지이다. 복지가 낭비적이라고 아무리 논리적으로 주장해도 사람들은 그냥 정치인의 주장일 뿐이라고 치부할 가능성이 높다. 그러나 구체적인 인물의 이야기를 그럴듯하게 해 가며, 복지제도의 문제점을 지적하면 조금씩 받아들이게 된다. 공공 임대 주택에 있는 고급 차는 운전기사용일지도 모른다. 그렇지만 사람들이 혹시나 하는 의구심은 가지게 되는데 구체적으로 잘 짜여진 이야기는 부자가 임대주택에 산다는 것을 사실로 받아들이게 한다.

이런 프레임을 고안하고 사용하기 위해서는 팀원들과 함께 미리미리 고민하고 준비해야 한다.

7. 한 마디의 구호로 설득하라

오바마는 2004년 민주당의 전당대회에서 찬조연설자로 나섰다. 오바마는 역경 속에서도 담대함을 잃지 않고 희망을 향해 나아갔던 사례들을 예로 들며, 희망의 담대함(Audacity of Hope)을 주제로 연설했다. 이 연설을 통해 오바마는 일약 전국적 인물로 떠올랐다. 그리고 다음 대선에서 희망은 오바마의 핵심 메시지로 전국에 울려 퍼졌다.

오바마의 캠페인은 최근 성공적인 사례로 자주 인용되고 있다. 그만큼 선거 전문가들이 상상할 수 있는 최고의 전략과 기법을 총 동원한 선거로 알려져 있다. 그 중에서도 최고는 변화(Change)와 희망(Hope)이라는 짧은 구호로 유권자들에게 깊은 인상을 남긴 전략이었다. 대학 기숙사마다 희망이라는 단어 하나와 오바마의 모습을 그린 포스터가 장식했다. 열정적인 자원봉사자들이 변화라는 배지를 달고 전국을 누비면서, 예상치 못한 오바마의 극적인 승리가 이루어졌다.

최근 미국에서 민주당 의원이 아니면서 민주당 경선에 참여해 주목을 받은 버니 샌더스(Bernie Sanders) 상원의원의 캠페인 구호도 인상적이었다.

'내가 아닌 우리' (Not me, US)

US는 미국인들에게는 가장 친숙한 국가명이다. 우리를 강조하면서 연상 작용이 가능한 단어를 찾아낸 것이다. 개인주의를 강조하는 미국에 공동체의 가치를 설파하는 인상적인 구호를 만들어 낸 것이다.

그 시기에 맞는 한 마디 말이 사람들의 심금을 울린다. 그 한 마디 말을 찾아내면 선거는 절반을 앞서 시작하는 셈이다.

8. 정성으로 설득하라

정치인은 악수를 잘 한다. 악수 한 번에 지지를 받을 정도로 따뜻한 악수를 자랑하는 정치인이 많다. 그중에서도 최고는 아마 청와대 대변인을 역임한 박수현일 것이다. 보수적인 충청도의 농촌 마을에서 박수현은 할머니의 손을 꼭 잡고 지그시 눈을 마주친다. 그 따뜻한 모습이 사람을 푸근하게 하고, 동시에 간절해 보여 그의 사명감이 그대로 사람들에게 전달된다. 아주 잠깐의 순간인데 옆에서 지켜보는 사람들은 긴 시간으로 느껴진다. 저렇게 오래 한 사람에게 시간을 들여도 되나 생각이 든다. 그 정도로 그가 지나 간 자리에는 깊은 여운이 남는다.

선거에서 떨어지면 또 열심히 사람들을 찾아다닌다. 그가 떨어지면 많은 사람들이 아쉬워한다. 다음에는 민주당을 싫어하는 사람도 그를 위해 과감히 한 표를 던진다. 국회의원이 된 다음에도 다정한 악수는 변함이 없다. 할머니들과 편하게 지내는 것도 같다.

'한국 사람들은 아직도 정이 넘쳐요'

선거 전문가들이 이구동성 하는 말이다. 정성을 들이면 하늘도 감동한다는 게 우리네 믿음이다. 정성을 들이는 후보에게는 그가 속한 정당을 따지지 않고 마음을 연다. 선거가 끝나서 낙선 인사를 하면 다음번에는 꼭 밀어줄 테니 힘내라는 사람들이 다가 온다.
착한 유권자들은 표를 주지 않겠다고 작정하면 미안한 마음에 후보를 피해 다닌다. 그래서 바람이 반대로 불어 힘든 선거를 치를 때면, 사람들과 악수하기도 힘이 든다. 반면 이기는 선거에서는 사람들이 다가와 악수를 청한다. 그래서 선수들은 대개 선거일 며칠 전에는 당락을 알 수 있다고 한다.

국회의장을 역임한 정세균은 선거의 달인이다. 조직 관리에 어찌나 능한지 감탄할 정도이다. 그와 가까운 정치인들도 이를 본받아 대부분 탄탄한 조직을 자랑한다. 정세균이 20대 총선에서 다시 종로에서 오세훈과 경쟁할 때 여론조사는 17%나 크게 뒤져 있었다. 그런데도 그는 숨은 표가 있다고 장담했었다.

선거를 며칠 앞두고는 반드시 이긴다고 확신했다. 여론조사 결과는 여전히 좋지 않아서 주위에서는 반신반의했다. 특유의 친화력으로 사람들을 만나는데 반응이 아주 좋았다는 것이다. 여론조사가 파악하지 못하는 내심을 현장에서는 알 수 있다. 결과는 압승이었다.

지고 나서도 정성을 다하는 후보에게 사람들은 아낌없는 갈채를 보낸다. 지고 나서 유권자들의 위로를 받는 것도 쉬운 일은 아니다. 그래도 사람들을 만날 때 사람들은 감동한다. 거센 바람이 불어도 인물에서 뒤져도 가끔 의외의 결과를 만날 수 있다. 대개 비결은 같다.

'정성으로 다가가라'

9. 눈으로 설득하라

정치 고수들은 악수 한 번에 사람의 마음을 휘어잡는다. 악수를 세게 해서 인상을 남기는 정치인들도 꽤 있고, 두 손으로 정성스레 악수 하는 정치인도 있다. 반면 정치 신인들은 인사하고 대면대면 헤어지다 보니 뭔가 허전하다.

내가 본 차이는 눈이었다. 찰나의 순간이지만 고수들은 상대의 눈을 바라보며 말을 거는 것 같다. 물론 대화도 나눈다. 그런데 눈빛으로 이렇게 말하는 듯하다.

"당신은 내게 아주 중요한 사람이야, 알지?"

마치 그 한 사람이 결정권을 가진 것처럼 간절하게 호소한다. 자기가 중요한 사람이라는데 뿌듯하지 않을 사람은 없다.

악수는 앞 사람과 하는데 벌써 고개는 다음 사람에게 가 있는 경우가 많다. 바쁜 일정을 소화하느라 뒤에서 보좌진이 재촉한다. 그러다 보니 빠르게 악수하고 간다. 일정이 바쁘니 어쩔 수 없다고 이해해주는 사람은 적극 지지자뿐이다. 대개는 속으로 비웃는다.

"흥, 너는 날 우습게 보는구나. 그래 빨리 가라. 내가 맛을 보여줄게."

많은 정치 신인들이 범하는 실책이다. 문제는 이 유권자 한 사람 섭섭한 것으로 끝나지 않는다는 것이다. 그가 다른 사람을 만나면 어떻게 이야기할까? 대개 우리 사회에서는 한 마디로 정의한다.

"그 후보, 건방지던데……."
"그래에? 그렇게 안 보이던데, 안 되겠구만."

소리 소문 없이 건방진 사람으로 낙인이 찍힌다. 정치인이 '그 친구 건방지던데' 소리를 듣는 순간 떨어진다는 속설이 있다. 경쟁 상대가 씌우고 싶은 프레임이다. 한 사람 한 사람을 소중하게 대해야 한다. 안 만나니만 못한 만남을 하면서 열심히 유세를 하면 더 나빠지게 된다.

뒤에서 보좌진이 대여섯 번을 재촉하는데도 차례차례 눈을 마주치고, 손을 잡고, 마치 발이 떨어지지 않는다는 듯이 연신 고개를 숙이면서 떠나는 후보는 헤어짐의 여운을 길게 남긴다. 뭔가 도와주어야 할 것 같은 의무감을 느끼게 된다.

반드시 명심해야 한다.

'유권자 앞에서 절대 서두르지 마라.'

10. 귓속말로 설득하라

마케팅 기법 중에 최고는 입소문에 의존하는 바이럴 마케팅이다. 비용도 많이 안들이면서 효과를 극대화할 수 있는 방법이다. 오래전부터 내려오던 방문 판매업은 바로 이 기법의 유용성을 알려준다. 물론 상품이 좋아야 한다. 좋은 상품을 써 본 사람들이 방문판매를 요청할 정도 되면 안정적인 세일즈가 가능해 진다.

네가티브 심리학에서의 핵심도 귓속말 소문이다. 남들이 들을까 조심스레 던지는 한 마디가 사람들의 호기심을 자극한다. 긍정적인 메시지도 귓속말 전파를 탈 때 가장 효과적이다.

여러 번 강조했듯이 프레임이 다른 사람들을 설득하는 것은 불가능하다. 그들과 격한 논쟁을 하면 오히려 반감을 더 사게 된다. 여기서도 작용 반작용의 법칙이 작용한다. 자칫 잘못했다가는 옆에서 지켜보는 설득 가능한 사람까지 돌아서게 만든다. 상대의 이야기를 잘 들어주고 헤어질 때쯤 귓속말로 한 마디 던지는 것이 훨씬 여운을 남긴다. 집에 돌아가면 귓전에 맴돌게 되고, 서서히 그의 감성에 스며들게 된다.

지난 대선에서 경기도 지사였던 이재명은 경기도에서 높은 평가를 받았고 이것이 경기도의 여론 조사에서도 드러났다. 경기도 사람들은 4년간 그를 경험한 사람들이다.

"경기도 사람들 이야기가 이재명이 정말 일은 잘한대."

침 튀겨가며 이재명 홍보를 하는 것보다 슬쩍 던지는 한 마디가 더 효과가 클 수 있다. 귓속말은 어딘가에 남는다. 그러다가 언론에서 경기도민들의 지지도가 높다는 보도가 나올 때, 그의 프레임이 흔들릴 것이다.

'어, 정말이네.'

귓속말이 공개된 정보와 부합할 때 뇌리에 남게 된다.

캠프는 끊임없는 귓속말의 진원지가 되어야 한다.

"너 요즘 000 캠프에서 일한다며? 그 후보 어때?"
"지난번에 같이 밥 먹었는데, 가까이서 보니 정말 괜찮은 사람이야."

보통 가장 가까이 있는 사람들은 일이 바빠서 이런 작업을 하지 않는다.
중요한 홍보 수단이 옆에 있는데 사용하지 않으면 손해다.

9

가치 선거로 당선되기

꿈은 이루어진다

정치는 꿈과 희망을 파는 행위이다. 오바마는 희망이라는 한 마디로 대중을 열광시켰다. 트럼프는 강한 미국이라는 과거의 영광을 되살린다는 꿈으로 승리했다. 김대중과 노무현은 불가능하다고 생각한 것을 가능하게 만드는 꿈을 꾸게 만들었다. 마침 2002 한일월드컵에서 한국축구팀은 4강에 오르는 신화를 만들었다.

'꿈은 이루어진다.'

노무현과 함께 꿈을 꾸었던 사람들은 감동의 눈물을 흘렸다. 사람들은 지금도 김근태의 동상 앞에서 잠시 멈춘다.

'희망은 힘이 세다.'

어두웠던 군사독재시절 우리를 지키고 끝내 민주화를 성공시킨 원동력은 희망이었다. 사회는 꿈을 실현시키면서 한 단계 발전한다. 정치는 대중과 함께 꿈을 꾸고 실현하는 행위이다.

'혼자 꾸는 꿈은 그냥 꿈이지만, 함께 꾸는 꿈은 현실이 됩니다.'
'A dream you dream alone is only a dream. A dream you dream together is reality.'

비틀즈 멤버였던 존 레논(John Lennon)이 평화운동을 할 때 했던 이야기이다. 정치인들이 많이 사용하는 명언이다. 사람들의 가슴을 뛰게 하는 꿈을 함께 꾸고, 그것을 실현하기 위해 모여서 행진할 때 대중들은 열광한다.

가치 선거의 중요성

가치 선거는 이렇게 가슴을 뛰게 하는 꿈을 이야기하며 대중에게 호소하는 선거를 의미한다. 그런데 최근 선거에서 민주당 후보들이 이렇게 가슴을 뜨겁게 하는 구호를 외치지 않는다. 그러다 보니 선거가 끝나고 나면 민주당 후보가 어떤 이야기를 했는지 기억하지 못한다.

이런 방식으로 어떻게 선거에 이길 것인가 하고 물으면, 다시 선거를 규정하는 방식에 따른 답이 돌아온다. 선거의 승패는 다음의 요인에 의해 결정된다.

1. 구도
2. 인물
3. 이슈
4. 조직
5. 전략, 정책, 홍보, 유세 등

구도와 인물이 8~90%를 결정한다. 승부를 결정짓기 위해 유리한 이슈를 확산하고 불리한 이슈를 묻기 위해 캠프는 총력을 쏟는다. 무상급식처럼 때로는 정책이 이슈가 될 수도 있지만, 코로나 등 선거 시기에 제기되는 사회적 문제가 주로 큰 이슈가 된다. 가치나 정책을 내세우는 것은 큰 영향도 없고, 괜히 논란이 일면 손해가 더 크다. 가치는 중요하지 않다는 답이 돌아온다.

그러나 가치는 민주당에게 유리한 이슈이다. 상대는 복지 확대와 불평등 해소라는 중요한 의제가 선거의 중심 이슈가 되지 않도록 여러 가지 사회적 갈등을 증폭시키려 노력한다. 최선의 공격 수단을 포기하고 이렇게 방어적인 자세를 취하는 것이 민주당의 문제다.

또 다른 문제는 이렇게 구도와 인물만 보고 있으니 평소 선거 준비를 하지 않는다는 점이다. 평소에 선거를 위한 조직을 강화하고, 전략, 정책, 홍보팀을 가동해야 한다. 평소에는 아무런 대비도 없다가 선거가 다가오면, 그 때부터 준비를 시작한다.

그러다 보니 개별 후보에게 알려주는 지침도 없다. 이번 선거에 어떤 가치를 중심으로 어떤 공약을 강조할 것인지 공통된 인식이 없다. 선거가 시작되면 전략기획 담당 부서에서 선거 구도와 돌파 전략을 제시한다. 지도부가 어떤 생각으로 선거를 치르는지 개별 후보가 알기는 어렵다. 어쩔 수 없이 후보들은 지역에 필요한 정책 위주로 공약을 작성한다. 단기간에 만들다 보니 개발 사업 공약에 치중하게 된다. 어느 사이 민주당은 개발 사업에 집중하는 정당처럼 보인다. 끊임없이 정부와 중앙당에 지역 개발 사업을 공약에 넣고 정부 계획에 포함시키는 요구를 한다.

선거가 돌아오면 다시 보수 언론의 공격에 대해 방어용 공약을 내 걸고, 새로운 인물을 영입해서 선거를 치르려 한다. 한 두 번은 성공할 수 있지만, 점차 민주당의 색깔을 잃어버리는 결과를 초래했다.

청년들은 민주당과 보수 정당의 차이를 알지 못한다. 청년들이 동의하고 좋아하는 민주당의 가치와 철학이 있음에도, 보수정당의 분열 책동에 말린 청년들은 감정적인 선택을 하고 있다. 프레임에 대한 이해가 없으니 전반적인 선거 전략과 전술이 효과를 내기 어렵다. 대중의 가슴을 뛰게 하는 가치를 제시하지 못하니, 지지자들은 뿔뿔이 흩어져 각기 선거 운동을 한다. 설득 대상자들에게 의미 있는 영향력을 미치지 못한다.

선거의 구도에 영향을 미치는 결정적인 돌파력을 갖춰야 승리할 수 있다. 여론조사에서 앞섰다고 항상 승리하는 것도 아니다. 지지자들의 힘을 한 곳에 모을 수 있는 구심점을 만드는 전략이 필요하다. 가치가 없다면 구심점을 만들기 어렵다. 우리는 좋은 인물이라고 해서 지지하지만, 무관심층에게 인물로 설득하기는 쉽지 않다. 선거에서 가치를 드러내는 한 마디 구호는 지지자들을 열광시키고 결집시킨다. 그 가치가 전해질 때 무관심층은 감동을 받을 것이다.

가치 선거로 승리하기

가치 선거를 할 때만이 선거에서 파란을 일으킬 수 있다. 특권과 반칙의 시대를 종식시키겠다는 노무현의 외침이 사람들의 심금을 울렸고, 예상을 뒤엎는 이변을 만들어냈다. 인물에 대한 기대로 시작된 작은 돌풍이 가치를 만나 거세질 때 태풍이 되는 것이다. 자신이 평소 주장하던 가치가 정치인에게 체화될 때 사람들은 신뢰하고 지지자들은 열광하게 된다.

인물만으로 태풍을 만들어낼 수는 없다. 누구보다 인지도가 높았던 안철수나 반기문이 성공하지 못한 이유는 내세우는 가치가 불명확했기 때문이다. 그렇다고 좋은 가치를 내세운다고 항상 성과를 내는 것도 아니다. 평소 꾸준하게 가치를 주장할 때 서서히 대중에게 알려지게 되고, 에너지가 응축되다가 어느 순간이 지나면 폭발하게 되는 것이다.

앞서 지적한 대로 유권자의 정치적 두뇌는 감성적이다. 유권자는 논리적인 사고에 의한 것이 아니라 정체성 투표를 하는데, 보수는 꾸준히 보수의 가치를 정체성으로 만들기 위해 노력한다. 민주당은 이런 노력이 부족하다.

진보의 가치는 누구나 공감할 수 있는 훌륭한 가치이다. 진보의 가치는 이런 것 들이다

'자유, 평등, 평화, 민주, 민생, 공감, 삶의 성취, 기회, 번영, 공정, 개방, 소통, 공동체, 이타심, 희망, 협력, 신뢰, 정직, 책임'

이렇듯 훌륭한 가치를 약속이라도 한 듯이 전국의 후보들이 동시에 이야기할 때 국가의 담론이 형성되고 구도가 만들어질 것이다. 유권자들은 진보의 사회, 경제 정책에 더 동의하는 성향이 있다. 가치를 내 걸고

그에 맞는 공약을 제시할 때 신뢰도가 높아진다. 민주당의 가치에 충실한 다양한 후보가 경쟁하게 되고, 유권자들은 그 중에서 더 가슴에 와닿는 가치를 이야기하는 후보를 선택할 것이다. 이런 노력을 통해 민주당의 가치와 인물이 중심에 놓이게 될 때, 선거의 구도를 새롭게 만들어 갈 수 있다.

그동안 민주당의 후보들이 가치를 이야기하지 않은 것은 아니다. 복지를 확대하고 포용적 성장의 구체적인 방안들은 대부분 민주당의 가치를 반영한다. 그런데 가치 중심적으로 사고하지 않다보니 가치를 내세우지 못하고 있다. 가치를 내세워야 캠프와 지지자들이 목적의식을 갖게 된다.

가치 선거의 공약 작성법

간단하게 가치에 근거한 공약 만드는 방법을 살펴보자. 예를 들어 구청장 후보라고 하자. 그러면 기본적으로 공약을 준비할 것이다. 처음에 다양한 의견을 들어서 필요한 공약을 나열한 후, 그 중에서 핵심 공약을 추려낸다. 대표 공약은 10개를 넘으면 안 된다.

'공약은 적으면 적을수록 좋다.'

공약집에는 수십 개의 공약을 준비하더라도, 적극적으로 홍보하는 공약은 적으면 적을수록 좋다. 공약이 많아지면 사람들의 주의를 분산시켜 특성을 파악하기 오히려 어렵게 된다.

10개 중에서 다시 3개의 핵심 공약을 찾는다. 만약 논란이 되고 주의를 끌만한 강력한 핵심 공약이 있다면 공약은 하나면 충분하다. 하나의 핵심 공약으로 선거를 이끌어 갈 때 성공확률이 높다. 공약이 적을수록 더 집중할 수 있기 때문이다.

'공약 하나로 선거를 치를 때 성공 확률은 높아진다.'

한 개 또는 두세 개의 대표 공약이 찾아지면, 그 다음에는 공약이 지향하는 가치를 찾는다. 거꾸로 가치를 먼저 강조하고 그 가치에 맞는 공약을 찾을 수도 있다.

'가치는 공약에 생명력을 불어넣는다.'

공약이 이성에 호소하는 것이라면, 가치는 감성에 호소한다. 감성적인 유권자는 가치에 반응하고 그 다음에 공약을 보게 된다. 정책이 효과를 발휘하지 못하는 이유는 사람들이 정책에 무관심하기 때문이 아니다. 정책을 제시하는 방법이 잘못되었기 때문이다.

'가치를 이야기로 전달하라.'

레이코프는 narrative를 강조한다. narrative는 서술 정도로 번역되는데, 우리는 스토리텔링(storytelling)의 중요성을 많이 이야기 하므로 편하게 이야기라고 부르자. 프레임으로 설득하는 데 있어 이야기는 강력한 힘을 발휘한다. 구체적인 정책보다는 가치를 담은 이야기가 더 감성에 큰 영향을 미친다. 치매국가책임제라는 어려운 용어보다는 치매 환자와 그 가족의 힘든 생활을 이야기한 후에 함께 문제를 해결하자는 편이 더 호소력이 있다.

재난 지원금 예를 들어보자. 코로나 상황에서 재난지원금을 지급하는 공약이 많이 나온다. 이 공약을 그냥 제시하면 선심성 공약으로 보인다. 많은 현금 지원 공약들도 마찬가지이다. 허경영식 공약과 차별이 없어진다. 그러나 공동체의 유지와 안전을 추구하는 국가의 역할을 강조하는 진보의 가치를 전면에 내 걸면 느낌이 달라진다. 재난으로 가게 문을 닫으면 그 주인은 코로나가 끝난 후에도 회복하기 어렵다. 언제 끝날지 알수 없고 액수도 커서 가족들도 돕기 어려운 상황이다. 이럴 때 국가가 나서야 한다는 것이 진보의 가치이다. 국가는 최종 보험의 역할을 수행해야 한다는 것이 진보의 가치이다. 보수는 이런 현금 지원을 꺼리게 된다. 약육강식을 받아들이고 이를 민간에서 해결하는 민간 보험이 활성화되는 것을 주장하고 있기 때문이다.

"함께 공동체를 지킵시다."
"공동체의 안녕을 지키는 것이 국가의 역할이고 정치가 해야 할 일입니다"

진보의 가치를 설명하고, 이를 공동체의 안녕과 유지를 위한 최소한의 장치로 규정하고 유권자들에게 호소해야 한다. 진보의 핵심 가치인 공감(empathy)을 자극할 수 있도록 가치를 메시지로 만들어야 한다. 가치에 공감할 때 정책이 보이게 된다. 공약은 목표하는 가치가 뚜렷해야 한다.

가치를 반영하는 공약도 가급적이면 대상을 명확히 하는 것이 좋다.

'공약은 대상자의 가슴을 향해야 한다.'

이런 예를 들어보자. 주택난이 심각해지면서 주택 공급을 늘리겠다는 공약이 눈에 많이 띈다. 어떻게 제시하는 게 효과적일까?

'주택 공급을 늘리겠습니다.'
'청년과 신혼부부를 위한 주택공급을 늘리겠습니다.'
'모든 신혼부부에게 집 한 채를 공급하겠습니다.'

내가 지금 주택을 구하기 힘든 상황에서 주택 공급을 늘린다면 반가운 소식이다. 그런데 내게 혜택이 올지 안 올지는 알 수 없다. 반면 모든 신혼부부에게 임대주택이라도 공급한다면, 신혼부부들은 모두 기대를 하게 된다. 공약은 이렇게 기대를 갖도록 대상에게 명확히 제시해야 한다.

특정 계층에게만 혜택을 주면 형평성의 문제가 생긴다. 그럼 다른 청년들은 어쩌란 말인가? 저출생 상황에서 우선 급하니 신혼부부에게 공급해야 한다는 공감대가 없다면 불만을 사게 된다. 먼저 공감대를 형성하고, 곧 다른 사람에게도 혜택이 돌아가도록 하겠다는 기대를 하게 해야 한다. 그런 상황에서 정확하게 대상을 향해 공약을 제시해야 한다.

공약 하나에도 많은 규칙이 담겨 있다.

선거의 언어

선거를 치르면서 어떤 언어를 사용한 것인가는 중요한 선택이다. 앞서 우리는 진보의 언어와 보수의 언어가 차이가 있다고 이야기했다. 보수의 시대에 보수 담론에 물들어 있는 대중을 상대하기 위해서는 보수의 언어를 사용해야 한다. 선거에서 중요한 결정적인 2~3%의 표를 얻는데 보수의 언어가 필요하다면 사용할 수도 있다.

그러나 사람들의 피를 끓게 하는 것은 진보의 언어이다. 민주당이 진보의 언어로 지지자들을 열광하게 할 때, 진보의 구도가 만들어진다. 당장의 위기를 극복하고자 보수의 언어를 사용하면, 보수 프레임이 더 강화되는 역효과가 난다. 반면 배리 골드워터가 미국의 보수를 재건시킨 것처럼, 진보의 미래를 위해서는 진보의 언어를 사용하는 게 바람직하다.

지난 대선에서도 '나를 위해'라는 보수의 언어가 논란이 되었다. 청년들은 더 이상 거대 담론보다는 당장의 이익을 중시하는 경향이 있다는데 착안한 핵심 메시지였다. 그러나 선거 캠페인에서는 어떤 메시지를 선택할 것인가 보다 그 메시지를 어떻게 활용할 것인가가 더 중요하다.

앞서 밝힌 대로 '나를 위해'는 레이코프 기준으로는 보수의 모형과 더 가까운 용어이다. 그러다 보니 과거의 민주당과 연계하는 논리적 일관성이 부족했다. 논리적 일관성이 절대 가치인 것은 아니다. 과거 새누리당은 지금까지 자신들이 금기시했던 빨간색을 전격적으로 당의 상징색으로 채택해 모두를 놀라게 했다. 의외로 과거로부터의 절연을 의미하고 새로운 발전을 도모하는 전향적인 자세로 받아들여졌다. '나를 위해'는 전면적인 새로운 선거 방식의 상징이 되어야 했는데 그렇지 못했다는 아쉬움이 있다.

'나를 위해'가 전통적인 보수의 가치이다 보니 다양한 문제가 발생했다. 먼저 지지자들을 열광시키지 못했다. 앞서 지적한대로 설득대상자를 설득하기 위해서는 함께 무엇인가를 하자고 하는 것인데, 지지자들이 내세우기 멋쩍은 구호였다. 지금까지 공동체의 발전을 위해 민주당을 지지해온 지지자들을 멈칫하게 만들었다. '나를 위해'는 그 만큼 민주당으로서는 파격적인 메시지이다. 메시지에 부합하는 노력이 뒷받침하지 못하면 성과를 내기 힘든 선택이었다.

버니 샌더스가 대놓고 '내가 아니라 우리'(Not me, US)라는 선거 캠페인을 한 것을 목격했는데도 민주당이 '나를 위해'라는 구호를 채택한 것은 쉽지 않은 결정이었을 것이다. 내부에서도 꽤 논란이 있었다고 들었는데, 충분한 검토가 이루어진 결정인지 모르겠다. 사후적인 평가이지만, 소년공 출신 후보와도 그리 잘 부합해 보이지는 않았다.

언어의 정치

프레임 전쟁에서 언어는 큰 역할을 한다. 프레임 전쟁을 염두에 두지 않으면 일관성 있는 대응을 하기 어렵다. 보수는 끊임없이 전문가들을 동원하고, 보수 언론을 활용해서 언어를 오염시켜 왔다. 평소에도 끊임없이 세금 폭탄, 복지 망국론 등을 들먹이며 복지국가를 추구하는 진보의 근간을 훼손하는 프레임을 만들어 왔다.

사민주의 전통이 강한 유럽에서는 진보 프레임이 강하기 때문에 이런 용어들이 큰 효과를 발휘하지 못했다. 그러나 상대적으로 보수 담론이 강한 영국과 미국에서는 복지 확대에 반대하는 프레임의 핵심 용어가 되었다. 이른바 제3의 길을 처음 거론한 영국의 노동당은 사회투자국가(social investment state)라는 새로운 용어를 만들어 냈다. 복지가 인적 자본이나 사회적 자본에 투자하는 것이기 때문에 사회의 성장에 기여한다는 주장이었다. 새로운 것은 없었지만 성장이라는 보수의 담론이 강한 국가에서 대중에게 다가가기 위한 어쩔 수 없는 선택이었다. 최소한 복지는 낭비라는 신념이 강한 보수적 인사들과의 논쟁에서는 꽤 유용하게 사용할 수 있는 언어가 되었다.

문재인 정부 초기 최저임금의 인상이 논란이 되었다. 대선 전 모든 후보가 최저임금의 인상을 공약했고 그것을 실현하는 차원이었는데, 야당은 자영업자들을 방패막이 삼아 비난에 나섰다. 정부는 급하게 일자리 안정 자금이라는 보완책을 만들어, 자영업자와 직원들이 상생할 수 있는 방안을 만들었다. 그래도 야당과 보수언론에서는 집중적으로 분열책을 조장하고 있었다. 당시 주무장관이었던 나는 새로운 플래카드를 달도록 했다.

'사장님, 월급 올려주셔서 감사합니다.'

임금이 올라가면 더 신나서 일해 생산성이 높아지면 자영업자에게도 혜택이 돌아갈 수 있다. 그런데 야당과 보수 언론의 분열책으로 인해 현장에서의 갈등만 커져가고 있었다. 직원들에게 잘 대해주던 사장님 가게조차 서로 눈치 보는 상황이 되어 갔다. 분위기를 바꾸기 위한 메시지였다.

이런 언어의 정치에 관심을 갖는 사람은 많지 않았다. 좀 더 조직적으로 분열책에 대응하지 못한 게 못내 아쉽다. 보수 언론은 매일 이런 고민을 하고 있는데, 민주당의 대응은 항상 부족하기만 하다.

선거를 대비하는 후보라면 선거의 언어에 대해 고민해야 한다. 진보의 가치를 살리면서 설득대상자의 마음에 서서히 스며들 수 있는 언어를 찾기 위해 노력해야 한다. 민주당은 더 말할 것도 없다. 민주연구원은 이런 작업을 해야 한다.

10
민주당의 가치 익히기

민주당의 가치

민주당의 후보로 선거에 나서려면 당원이 되어야 하고 공천을 받아야 한다. 면접도 봐야 한다. 민주당의 당원이라면 최소한 민주당의 가치와 철학은 알고 있어야 한다. 정치 개혁이 이루어지면서 정치는 더 이상 출세의 수단이 아니다. 사명감과 성취감이 없으면 버티기 힘들다. 민주당의 가치가 자신과 맞지 않으면 즐겁게 정치하기 어렵다.

현재 민주당의 당헌은 민주당의 목적을 다음과 같이 규정하고 있다.

'더불어 민주당은 공정하고 정의로운 사회, 생명을 보호하고 존중하는 안전한 사회, 포용적 복지국가를 구현하는 통합된 사회, 혁신성장과 포용적 성장으로 번영하는 사회를 추구하며, 한반도 평화의 새 시대를 실현하는 대한민국 건설을 목적으로 한다.' (당헌 제2조 목적)

여러 번 밝힌 대로, 민주당은 공정, 정의, 생명, 안전, 복지, 통합, 혁신, 포용적 성장, 번영, 평화 등의 가치를 실현하는 것을 목적으로 천명하고 있다. 미국 민주당과 마찬가지로 진보의 가치를 실현시키기 위한 정당이다. 민주당의 후보와 당원, 지지자들은 이러한 가치를 중심으로 모여 당을 이룬 것이다.

이 좋은 가치들을 실현하는 대한민국을 건설하는 것이 민주당의 목표이고 우리의 목표이다. 누가 반대할 수 있겠는가? 선거 때마다 이러한 가치를 유권자들과 공유하면서 민주당의 영역을 넓혀가는 것이 우리의 사명이다.

민주당은 대중적 진보정당

민주당이 진보 정당이라고 하면 의문을 제기하는 사람들이 있다. 진보정당 쪽 인사들은 자주 민주당을 보수정당으로 규정한다. 간혹 민주당이 진보의 가치를 실현하기보다는 시류에 편승하는 경향이 있었기 때문일 것이다. 민주당이 개혁에 역행하는 결정을 내리는 것에 대해서는 비판받아 마땅하다. 그러나 개혁에 대한 저항과 그로 인해 실제 사회를 개혁한다는 것이 얼마나 어려운지를 통감한다면 민주당이 진보적 개혁을 위해 노력해 온 것을 제대로 평가받아야 한다.

가장 개혁적인 정치인이었던 김대중은 개혁 정책을 실현하기 위해 성급하지 말라고 항상 강조했다.

'정치인은 대중보다 반 발 앞서 가야 한다.'

정치인이 너무 앞서 가면 고립되고 대중의 지지를 얻지 못한다. 독재정권은 항상 김대중과 일반 대중을 떨어뜨리기 위해 노력했다. 그 중의 하나는 그가 너무 급진적인 정치인이라고 이름표를 붙이는 것이었다.

김대중은 실제로는 매우 주도면밀한 개혁을 추진한 정치인이었다. 김대중은 가치를 앞세우고 반 발을 앞서가야 한다고 강조했다. 역사의 진전을 위해 정치인은 항상 개혁적인 사고를 가져야 한다. 깃발을 들고 앞서 나가되 대중과 떨어져 너무 앞서 가서는 안 된다. 미온적으로 보이지만 다 알다시피 그는 필요할 때면 민주주의의 발전을 위해 온 몸을 던지는데 주저하지 않았다. 지방자치 선거는 김대중의 오랜 투쟁과 단식 끝에 얻어진 민주주의의 소중한 결실이다. 김대중이 있었기에 오늘 우리는 지방선거라는 축제를 즐길 수 있다. 민주당은 이렇게 민주주의의 이상을 실현하는 진보적 개혁을 위해 뚜벅뚜벅 걸어온 것이다.

미국의 프랭클린 루스벨트(Franklin Roosevelt)는 역사상 최고의 개혁을 달성한 지도자로 인정받고 있다. 자본주의 시장경제 체제를 전면 전환한 커다란 업적을 남겼다. 하나하나의 개혁 정책을 추진할 때마다 공화당과 재계의 큰 반발에 부딪혔다. 그 난관을 꾸준히 뚫어 내고 정부의 관리 하에 시장경제가 조화롭게 발전해 나가는 제도를 구축했다. 그래서 그가 남긴 충고는 이채롭다.

'정치인은 대중보다 한 발 뒤에서 개혁을 추진해야 한다.'

루스벨트는 정치인이 앞서가는 것이 아니라 대중의 뒤에서 차근차근 실천할 때 개혁은 성공한다고 보았다. 개혁은 시대정신이 달성하는 것이다. 대중이 요구하는 개혁 방안을 제대로 실현하는 것이 정치인의 역할이다. 대중 정당으로서 민주당이 개혁을 추진하는 방법을 알려주는 이정표일 것이다.

김대중의 '민주주의와 시장경제의 병행 발전'이라는 개혁의 지침도 바로 이런 개혁에 대한 조심스런 태도에서 비롯되었다. 진보정당의 입장에서는 불만일 것이다. 그러나 대중적인 개혁정당, 진보정당을 추구하는 민주당으로서는 대중과의 보조를 맞춰 가야 한다.

2002년 민주당 경선에서 노무현이 당시 대세로 여겨지던 이인제를 꺾고 민주당의 후보로 선출된 것은 한국 정치사의 커다란 이변이었다. 이러한 이변은 특권과 반칙을 종식시키라는 시대정신의 산물이다. 국민들이 노무현을 지지한 것은 노무현의 정치 역정에 대한 경외심도 있지만, 그가 내세운 가치에 지지자들이 열광했기 때문이다. 지도자는 대중과 함께 할 때 정치적 추동력을 얻게 된다.

반면 민주당이 가치를 잃으면 개혁적 진보정당으로서의 지위를 잃게 된다. 그래서 가치가 중요하다. 민주당의 가치는 곧 민주당의 정체성이다.

김대중의 언어

김대중은 1971년 장충단 공원에서 100만 관중을 앞에 두고 사자후를 토해 냈다. 한국 정치사의 최고 명연설로 기록되고 있다. 그날의 연설에는 이후 대통령이 되었을 때 실제 구현한 정책들이 많이 포함되어 있었다. 27년간 그는 같은 가치와 정책으로 국민 앞에 섰던 것이다. 장충단 공원 연설의 핵심 내용을 간추려 보자.

"내가 정권을 잡으면 이 나라의 독재체제를 단호히 일소할 것입니다."

"나는 정권을 잡으면 정보정치를 일소할 것입니다."

"내가 정권을 잡으면 지방자치를 실시해서 민주주의 기초를 확립하겠습니다."

"대통령 직속 하에 여성지위향상위원회를 두어서 우리 1천5백만 여성들의 교육과 생활과 사회적 대우에 대해 특별배려를 하겠습니다."

"내가 향토예비군을 폐지한다고 말했더니 전국 국민들이 호응했습니다."

"'4대국의 한반도 전쟁억제' 방안을 시행하겠습니다."

"내가 정권을 잡으면 돈을 많이 버는 사람이 세금을 많이 내고 적게 버는 사람은 적게 냅니다."

"이중 곡가제와 도로포장, 초등학교 육성회비 폐지, 기타 지금까지 내가 한 공약에 모두 6백90억이 필요합니다."

그는 많은 정책을 쏟아 냈고, 마지막에는 최근의 매니페스토 운동가들이 보아도 만족할 정도로 세심하게 예산까지 밝히고 있다.

김대중의 주옥과 같은 명언은 민주당 후보가 반드시 알아두어야 한다. 민주당의 가치를 잘 드러내고 있기 때문이다.

'자유가 들꽃처럼 만발하고 정의가 강물처럼 흐르며, 통일에의 희망이 무지개처럼 솟아오르는 나라'

'서생적 문제의식과 상인적 현실감각'

'행동하지 않는 양심은 악의 편이다. 담벼락에 대고 욕이라도 하라.'

'정치의 중요한 요체는 국민이 같이 가야한다. 국민의 손을 잡고 반 발 앞으로 가야한다. 국민과 같이 나란히 서도 발전이 안 되고, 손 놓고 한발 두발 나가도 국민과 유리돼서 안 된다.'

'진정한 정치가 할 일은 억압받는 자와 가난한 자의 권리와 생활을 보장하고 그들을 정치의 주체로 참여케 하는 것이다. 이 과정에서 억압하던 자와 빼앗던 자들도 죄로부터 해방시켜서 대열에 참여케 해야 한다.'

노무현의 언어

노무현의 연설은 가슴을 끓게 한다. 그가 추구하는 가치가 너무도 이상적이기에, 남들이 생각도 못한 것을 꾸는 꿈이기에 모두를 당혹스럽게 하지만 또 모두를 열광하게 한다.

"결코 굽히지 않는, 결코 굴복하지 않는, 결코 타협하지 않는 살아있는 영혼이, 깨끗한 영혼을 가지고 이 정치판에서 살아남는 증거를 여러분들에게 보여줌으로써 우리 아이들에게 결코 불의와 타협하지 않아도 성공할 수 있다는 하나의 증거를 꼭 남기고 싶었습니다."

"농부가 밭을 원망해서는 안 됩니다. 밭을 원망하는 농부가 되지 않겠습니다."

"광주에서 콩이면 부산에도 콩이고 대구에서도 콩인, 옳고 그름을 중심으로 해서 인물과 정책을 중심으로 해서 그렇게 정치를 해나갈 수 있는 그래서 국민에게 봉사할 수 있는 새로운 정치를 이 노무현이 열겠습니다."

"원칙과 상식이 통하는 사회, 열심히 일하면 땀 흘린 만큼 잘 사는 사회, 바로 우리가 꿈꾸는 새로운 대한민국입니다."

"민주주의 최후의 보루는 깨어있는 시민의 조직된 힘입니다."

문재인의 언어

문재인은 가치를 중시하는 원칙론자이다. 그는 타협하지 않고 원칙을 향해 우직하리만큼 담담하게 전진한다.

'사람이 먼저다.'

"기회는 평등할 것입니다. 과정은 공정할 것입니다. 결과는 정의로울 것입니다."

'정치는 타협이다. 우리 인생사가 타협이다. 어떻게 옳다고 생각하는 쪽으로만 살 수 있나. 그러나 원칙만은 타협의 대상이 아니다.'

'분노는 정의의 출발이며, 불의에 대한 뜨거운 분노가 있어야 정의를 바로 세울 수 있다.'

'그들과 다르게 하는 것이 옳은 길이라는 것을 보여주는 게 가장 최선의 복수다.'

"민주주의는 자유와 평등의 두 날개로 날아오릅니다. 소수여도 존중받아야 하고, 소외된 곳을 끊임없이 돌아볼 때 민주주의는 제대로 작동합니다."

김근태의 언어

김근태는 민주당에서 가장 가치를 중시했던 정치인으로 평가받고 있다. 그는 민주주의자라는 별명을 얻었듯이 민주주의라는 가치를 위해 온갖 고초를 당하면서도 희망을 잃지 않았다.

'무릎을 꿇고 살기보다 서서 죽기를 원한다.'

'희망은 힘이 세다'

'나는 정직과 진실이 이르는 길을 국민과 함께 가고 싶다.'

"원칙과 상식을 가지고 살아가려고 하면 아름다워지는 것이 아니라 오히려 추해지도록 만드는 야만이 여전히 지배하고 있습니다. 꿈과 이상을 지키려고 하면 존중받는 것이 아니라 왕따 당하고 비웃음거리가 되는 사회에서 살고 있습니다. 거기에서는 정의와 진실, 희망은 거처를 잃게 됩니다."

"정치가 현실일 뿐이라면 개선과 개혁은 어떻게 가능하며 왜 우리가 피 흘리며 군사독재와 싸워야 했는가?"

"분단국가이자, 정전협정 상황에 있는 우리에게는 '평화가 곧 밥'입니다. 평화가 깨지면 경제가 흔들립니다. 밥그릇이 깨지는 것입니다."

'2012년에 두 번의 기회가 있다. 최선을 다해 참여하자. 오로지 참여하는 사람들만이 권력을 만들고, 그렇게 만들어진 권력이 세상의 방향을 정할 것이다.'

선거에서 이길 수도 있고 질 수도 있다. 하지만 최근 선거에서 이기든 지든 민주당이 가치를 경시하는 자세는 문제가 있다. 중앙 선거에서 가치를 도외시하면, 지역의 후보들도 따라 하게 된다. 현대 인지과학은 이러한 추세가 지속되면 보수의 프레임이 강화될 것이라고 경고하고 있다.

민주당 후보 한 명 한 명이 가치를 중심으로 한 선거를 이끌도록 노력해야 한다. 당원과 지지자도 가치를 중심으로 모여야 한다. 우리의 가치를 위해 다양한 수단이 있을 수 있다. 그 수단이 다르다고 같은 목표를 향해 나아가는 사람들이 분열하는 것은 합리적이지 못하다. 가치를 앞세우고 갈 때 민주당은 단결된 힘을 발휘할 수 있다.

민주당의 후보가 되려면 최소한 민주당을 이끌어 왔던 지도자들이 꿈꾸었던 세상과 그들이 실현하려고 노력했던 가치를 알아야 한다. 민주당의 후보들이 이들의 가치를 이어받을 때, 우리는 다시 김대중, 노무현, 문재인, 김근태와 같은 정치인들을 많이 만날 수 있을 것이다. 가치 선거가 민주당 후보에게는 승리의 길이고 민주당의 시대를 여는 열쇠임을 꼭 기억해야 한다.

선거전략 - 분야별 체크리스트

분야별 체크 리스트는 담당자와 기간을 정해 상시 점검해야 되는 사항임.

캠프별로 삭제 추가하여 사용하면 전체 진행사항을 파악할 수 있음.

● 주요내용

단계	후보	기획
1 단계	핵심조직원 확보 선거운동본부 체계수립 조직정비 작업	선거 기본계획 수립 기본자료 수집 총괄기획팀 구성 여론조사
2 단계	선거활동의 범위확대 핵심 참모진 가동 선거돌입전 최종점검 대언론활동 강화 등록준비 점검	선거계획 확정 정책 · 공약 결정 각종 행사 계획 득표 목표 최종 결정
3 단계	기자회견 및 언론사 방문 일일전략회의 주재 연설회 및 TV토론 준비 사조직 독려	여론조사 취약지구 대책회의 선거계획 중간 점검 종반 대세몰이 계획

단계	언론 · 홍보	조직	사무
1 단계	팀구성 이미지메이킹 계획 수립 홍보물 제작준비 및 관리 권역별 홍보계획 수립 이미지 제고 홍보활동 외지인 인명록 작성	선거조직 정비계획 유권자 명부 확보 권역별 조직 수립 계획 자원봉사팀 운영	사무실 비품 확보 사무업무 운영팀 구성
2 단계	광고/홍보물 일정 점검 전화요원 선발/훈련 방송 원고/ 유세 문안 작성 출마선언 이벤트 TV 및 단체토론 준비 전화 홍보 가동 SNS 홍보 가동	조직정비 및 관리 하부조직 확보/ 선거 체계화 당원의 소집단화 추진 청년기동대 구성 구전홍보팀 구성 유세팀 구성 및 교육	선거관련 양식 준비 선거상황실 설치 선거인 명부 복사/인수 민원팀 가동
3 단계	홍보물 완료/ 선관위 제출 홍보팀 가동 유세전략 언론대책	선대본 발대식 조직 풀가동 취약지역/ 대상 특별대책 최종득표전략 시행	후보 등록 법정 선거업무 선대본 발대식 이벤트 보조

● 후보

1단계 :　년　월　일까지 (D-40까지)

구분	항목	점검 사항
후보	공천 프로그램 수립	1. 중앙당 주요인맥 및 지침 파악 · 접촉 2. 관련지구당 주요간부진 파악 및 접촉 3. 지역내 인지도 제고작업을 위한 유권자 접촉 강화 　3-1. 경조사 수시 참석 　3-2. 일일 일정표 작성 　3-3. 지역내 각 단체 순방 　3-4. 종교활동 적극화 4. 공천심사위 제출용 선거 기획안 작성 　4-1. 이력서 및 자기 소개서 　4-2. 객관적 자료에 근거한 현 상황 　4-3. 경쟁자 상황 　4-4. 당선전략 및 현 준비상황
	경선 프로그램 수립	1. 대의원 명부 확보 2. 대의원 대상 전화홍보 및 전수조사 시스템 3. 거점 조직원 확보 4. 대의원용 홍보물 제작 · 발송 5. 이벤트 6. 당내 유력인사 접촉 7. 대언론대책 수립

일정	담당자	비고
		4. 최대한 많은 분량으로 작성 (책자형으로 제본 要) 　4-1. 저서 · 논문 등을 포함하여 외부 　　　에 발표한 모든 문건 수집 · 정리 　4-1. 사회활동 및 인터뷰 기사 · 사진 　　　정리 　4-1. 정치활동 기본계획 　4-2. 여론조사 · FGI · 지역기초조사

구분	항목	점검 사항
후보	선거 사무소 확보	1. 적합한 사무실 평수 1-1. 후보자 사무실 -. 응접세트 및 기자 회견용 벽면 장식 1-2. 선거상황실 설치 -. 관내지도 및 각종 도표 부착 -. 지역별 여론 분석표 -. 선거운동 현황판 1-3. 전화홍보실 설치 -. 전화 Booth 및 전화회선 확보 -. 전화홍보 지침 1-4. SNS실 설치 -. Computer 설치 -. 통신가입 및 통신 프로그램 설치 1-5. 기타시설 -. 태극기, 당기, 후보자 인물 브로마이드 -. 조직을 고려한 사무집기 및 회의실 -. 주방 및 주방용구 2. 입지 및 주변요건 2-1. 선거구내 주요 요충지인가? 2-2. 주차장은 충분한가?

일정	담당자	비고
		1. 선거사무소는 두 개 이상 설치할 수 없으나 평수가 작은 건물의 경우 한 건물에 두 개층 이상을 써도 무방. 단, 경기침체로 인한 여론을 염두에 두고 고려 1-5. 자원봉사자를 위한 공간 확보 고려 要 1-5. 선거사무소와는 별도로 선거사무원을 위한 숙박시설 마련 2. 선거사무소의 위치가 후보자의 자택과 가까운 경우 식사 대접은 후보자의 자택에서 하는 것이 바람직함. 이 경우 어떠한 형태의 향응제공도 법에 저촉되지 않음

구분	항목	점검 사항
후보	핵심 조직원 발굴	1. 핵심조직원 발굴시 유의사항 　1-1. 후보자와의 긴밀한 인간적인 연대 　1-2. 주변의 평가 고려 　1-3. 충분한 선거마인드 　1-4. 후보자에게 진솔한 충고 가능자 　1-5. 타인과의 금전문제가 깨끗한 자 　1-6. 헌신적이고 성실한 자
	선거운동본부 체계수립	1. 선거사무장 : 선거 관련 법적 업무 총괄 　1-1. 선관위 관련업무(선거법 숙지 要) 　1-2. 후보자 부재시 내방객 접대 2. 회계담당자(일반적으로 선거사무장이 겸임하나, 친인척이 회계 책임을 맡는 경우가 많음) 3. 민원업무 　3-1. 민원 접수전화 신설 　3-2. 민원 접수양식 및 방법 교육 　3-3. 민원의 정책반영 4. 상황실 책임자 5. 비서 : 후보자 수행 및 일정 관리

일정	담당자	비고
		○ 핵심조직원의 범주 : 선거운동본부 핵심요원 및 지역별 책임자 또는 사조직 1. 초보자들의 경우 흔히 지역에서의 영향력을 염두에 두는 경우가 많으나 핵심 조직원이 아닌 적극동조자 내지는 우호적 유권자의 범주에 두는 것이 현명함
		○ 선거운동본부 조직은 많은 사람을 배치할 수 있는 구도를 고려해야 함 ○ 후보자 의지에 따라 다소의 차이가 있을 수 있음 ○ 향후 선거조직 확대시 명망가를 중심으로 선대위원장, 선본장, 고문단 등을 구성 ○ 선거기간 돌입시 기동타격대/별동대 등을 별도 구성 2. 친인척을 회계책임자로 기용할 경우 비정상적인 조직운영의 사례가 많으므로 주의 要

구분	항목	점검 사항

후보	선거운동본부 체계수립	6. 기획책임자 : 선거기획을 총괄
		
		  6-1. 선거기획 업무
		
		  6-2. 정책입안(또는 정책책임자와 분리)
		
		  6-3. 상황실 및 비서 업무 점검
		
		7. 홍보책임자 : 홍보기획 실행
		
		  7-1. 전화홍보 각종 홍보논리 및 보도자료 연설문 작성
		
		  7-2. 홍보물 제작 관리
		
		  7-3. 미디어 대책
		
		8. 조직책임자 : 조직 총괄
		
		  8-1. 구성 : 여성/청년/종교 사회 · 직능조직 책임자
		
		  8-2. 하부조직원 확보 및 관리
		
		  8-3. 구전홍보팀 관리
		
		  8-4. 유세청중 동원(개인연설 포함)

	기타 준비사항	1. 기탁금 2. 선거비용 3. 후보자 재산등록 사전준비 4. 사조직 구성 정비 세력화/정례화 5. 언론사 제출용 사진촬영

일정	담당자	비고
	효율적 에산집행으로 조직원 정예화	7-3. 미디어선거의 중요성 인지 특별 대책 마련 8. 조직관리는 매니지먼트 개념 도입 필요 -. 성과에 따른 보상 또는 사후보장 -. 조직활동의 크로스체크 시스템(전화홍보)
		2. 법정선거비용은 법정선거 기간을 기준으로 하므로 필요한 지출은 되도록 법정 선거기간 전에 할 수 있도록 할 것 4. 상황에 따라서는 가장 중요한 조직임 5. 무광택 반명함판(30-50매)

2단계 :　년　월　일까지 (D-17까지)

구분	항 목	점 검 사 항
후보	선거활동의 범위 확대	1. 지지기반 대상 반공개적 선거활동 개시 2. 지지자 중심의 여러 선거인맥 구성
	인지도 및 지지도 제고 활동	1. 일일 일정표에 의한 지역구 방문 　1-1. 1차 : 인지도 제고 위주의 집중순방 　1-2. 2차 : 지지도 확대를 위한 순방 2. 소외지역 방문 3. 1일 30명 이상 통화 4. 당 관계자 방문 인사 　4-1. 주요 당직자 회의 참석 　4-2. 주요당직자 상견례 및 친분화 5. 관내 주요기관 방문인사
	핵심 참모진 가동	1. 참모회의 가동 2. 후보수행팀 구성 　2-1. 선거구내 지리에 밝은가? 　2-2. 주요인사의 얼굴은 알고 있는가? 　2-3. 거부감을 주는 용모인가? 　2-4. 상황대처능력은 있는가? 　2-5. 신뢰감이 있는가?

일 정	담당자	비 고
		1. 후보자 부인의 역할이 매우 중요함
		3. 후보자 스스로가 조직원을 만들기 위한 노력 – . 인맥 pool 작성 4. 공천경합자의 협조 요청 고려. 4대지방선거 후보자간 상호 연대 계획수립

구분	항 목	점 검 사 항
후보	선거돌입 전 최종 점검	1. 인지도 및 지지도 2. 경쟁후보 대비 강/약점 3. 선거전략 정책 · 공약 이론화 및 숙지 4. 선거조직책 책임자들과 연쇄 간담회 5. 사조직 활동상황 점검 및 여론수렴 6. 의정/시정보고회 7. 확대 선거운동본부 구축
	대 언론활동 강화	1. 각 언론 담당자와 간담회 등 개최 2. 기사 및 가십거리 개발
	등록준비 점검	1. 기탁금 2. 선거비용 3. 후보자 재산등록

일 정	담당자	비 고
		2 · 3 Q&A형식으로 작성하여 언론사의 후보자초청 토론회 등에 대한 대비를 겸할 것 5. 후보자는 사조직 뿐아니라 전 조직원들에게 활동 보고서를 제출케 해야 함. 또한 공조직과 사조직의 역할분담을 명확히 한 후 협력을 모색해야 함
		2. 언론은 무엇보다도기사 거리를 제공하는 후보에게 호의적임
		3. 후보자가 직접 챙기거나 회계책임자가 담당하도록 함

3단계 :　년　월　일 (D-1까지)

구분	항목	점검 사항
후보	기자회견 및 언론사 방문	1. 기자회견 : 당선 자신감 피력 2. 언론사 방문 : 협조 분위기 당부
	본격 선거유세/ 선거운동 시작	1. 05:30부터 23:00까지 일정표
	일일전략회의 주재	1. 밤 시간 또는 조찬 2. 평가회의 및 익일 전략 숙의 3. 익일 유세자료 검토
	연설회 및 TV토론 준비	1. 지역현안 숙지 2. 경쟁자 상황 3. 최대이슈 시기별 이슈
	사조직 독려	1. 1인 3인 흡수화 전략 적극화 2. 하루 10통 전화하기
	투표 당일 계획	1. 아침일정 2. 투표장 일정 3. 낮시간 일정 4. 개표장 방문 일정 5. 저녁선대본부 일정 6. 기자회견 일정

일정	담당자	비고
		1. 선거운동본부 발대식과 함께 기자회견
		○ 후보자 부인은 별도의 일정표 작성 ○ 짜투리시간 활용방안 마련 　ex) 전화 지지요청 등
		○ 수행비서 평가 + 상황실 평가종합
		○ 거리유세에 필요한 5-10분 분량의 다양한 원고 작성

● 기획

1단계 :　　년　월 일까지 (D-40까지)

구분	항목	점검 사항
기획	선거 기본계획 수립	1. 지역구 분석 2. 여론분석 3. 경쟁자 분석 4. SWOT 분석 5. 기본 이미지 메이킹 방향설정
	기본자료 수집	1. 인구자료 명부확보 지역 현안 자료
	총괄기획팀 구성	1. 팀 구성 2. 정책팀 구성 3. 조사 담당자 선정
	여론조사	1. 1차 - 후보자 정당 명의의 여론탐색용 2. 2차 - 선거계획 수립을 위한 정밀 조사
	기타	1. 각종 기념일 활용계획 2. 조직원 교육지침

일정	담당자	비고
		○ 공천심사위 제출용 기획안 준비
		○ 전화홍보로의 대체 가능성 고려

2단계 : 년 월 일까지 (D-17까지)

구분	항목	점검 사항
기획	선거마케팅 계획 확정	1. 선거컴셉트의 결정 2. 표적유권자의 결정 3. 커뮤니케이션 채널 선정 4. 타이밍 결정 5. 미디어전략 수립 6. 기구별 운영계획 및 일정 계획 7. 후보자 일정 계획 8. 예산 계획 9. 선거 개시 전·후 프로그램 수립
	정책·공약 결정	1. 선거공약 및 이슈 결정 2. 단계별 이슈전략 3. 핵심 이슈 선정
	각 종 행사계획	1. 의정/시정 보고회 2. 후보자 추천대회 등 공식행사 개최 2-1. 공식행사를 기회로 대대적 인지도/ 이미지 제고 작업 실시 2-2. 당원용 홍보물 배포 2-3. 언론 적극 활용
	득표목표 최종설정	1. 여론조사 통한 예상 득표수 및 추가득표 계획 수립 2. 인지도/지지도 및 유권자 동향을 중점적 으로 조사

일정	담당자	비고
		5. TV 토론 및 인터뷰 대책 언론 대책 및 홍보 전략 7. 현행 선거제도 하에서는 후보자가 선거의 절반을 차지하므로 후보자 일정이 가장 중요. 전략적인 일정표 작성과 근거리 이동원칙을 숙지할 것/일정계획시 지역판세 고려 要
		3. "핵심 이슈가 없는 후보는 이기기 힘들다"
		2. 인지도가 낮은 후보의 경우 당원대회를 최대의 기회로 활용할 것 2-2. 후보자 영상홍보물 고려 要 (인물부각)
		1. 취약지역/취약층/부재자 대책 포함 2. 전화여론조사와 표적그룹 인터뷰를 동시 진행

3단계 :   년   월   일 (D-1까지)

구분	항목	점검 사항
기획	여론조사	1. 1차 전화여론조사 　1-1. 인지도 및 지지도 제고 여부 파악 　1-2. 이미지 파악 2. 2차 전화 여론조사 　2-1. 인지도 지지도 이미지 점검 3. 3차 전화 여론조사(최종) 3-1. 최종 지지도 파악
	취약지구 대책회의	1. 현황파악 2. 대책수립 집행
	선거마케팅 계획 중간점검	1. 마케팅 지수 점검 2. 이미지 점검 3. 공약 · 정책 호응도 점검 4. 종반대책 강구
	D-1 대세몰이 계획	1. 오픈카 등 이용 이벤트 계획 2. 강세지역 관리강화
	투표 당일대책	1. 당일 인원별 업무분담 2. 후보자 일정 확정 3. 후보자 일정에 따른 언론 대책

일정	담당자	비고
		○ 여론조사와 전화홍보를 병행하는 것이 효율적 ○ 캠프내 전화홍보팀 매일 가동

◉ 언론 · 홍보

1단계 :　　년　월　일까지 (D-40까지)

구분	항목	점검 사항
언론 · 홍보	팀구성	1. 언론대책팀(언론책임자 선정)구성
		2. 스피치 팀 구성
		3. TV대책반 구성
		4. 전화홍보팀 구성(조직팀과 협조)
		5. 이벤트기획팀 구성
		6. 광고책임자 선정 및 팀 구성
	후보 이미지 메이킹 계획수립	1. 방향설정에 따른 요소별 계획
		2. 광고대행사 점검
	제작준비	1. 역대 홍보물 수집
		2. 사진촬영
		2-1. 전속사진사 확보
		2-2. 실외사진 위주/스튜디어 촬영
	현직 명함제작	1. 사진명함
	권역별 홍보계획 수립	1. 권역별 미장원, 버스정류장, 이발소, 목욕탕, 병원, 다방, 양복점, 슈퍼마켓, 시장 등 다중이 모이는 곳 중심으로 섹터화
		2. 전화번호부 해체/권역 집단별 DB
	이미지 제고를 위한 홍보활동	1. 단체 그룹별 면담 · 인사
		2. 사진찍어 보내기
	외지인명록 작성	1. 외지의 영향력있는 인물 리스트업

일정	담당자	비고
		○ SNS를 통한 홍보의 경우는 별도의 팀 구성 (젊은층 위주) 2. 스피치팀 구성과 동시에 후보자 지역순방 인사말 작성 홍보논리 개발
		2. 합동토론회 없을 시 인지도가 낮은 후보는 홍보물이 매우 중요함
		○ 후보자의 모든 사진 수집 · 정리
		○ 언론사 제출용
		○ 여론주도층은 후보자가 직접 전화

2단계 :   년   월   일까지 (D-17까지)

구분	항목	점검 사항
언론 · 홍보	각종 행사 (추천대회 의정 · 시정보고회 개최) 기획	1. 현수막 등 장식물 점검 2. 홍보물 등 배포물 점검 3. 장소 및 법적 요건 점검 4. 후보 연설물 점검 5. 기타 이벤트 점검
	광고 및 홍보물 제작일정 점검	1. 광고대행사 선정 및 일정 협의 2. 아이디어 회의 3. 기획방향 점검 및 결정 4. 제작물 1차 시안 결정 및 보완
	유세장소 예정지 사전답사	1. 지역별 공약 세분화 2. 민원 · 숙원사항 정리 3. 각 지역별 부착 홍보물 등의 크기/위치 점검 (현수막 포함) 4. 참석 수행인사 섭외 5. 연설차량 음향 조명 등의 준비
	전화홍보요원 선발 완료/훈련	1. 선발 　1-.1 친절한 유경험자인가? 　1-2. 표준말 또는 지역 말씨를 쓰는가? 2. 교육 3. 시나리오 준비 4. 통화대상자 전화번호부 확보/해체작업

일정	담당자	비고
		○ 찬조연설자 섭외와 병행 5. 선대본 발대식 이벤트 기획
		○ 개정선거법 숙지 1. TV 신문광고 배치 2. 로고송 멀티미디어 홍보 포함
		○ 찬조연설자 섭외와 병행 3. 현수막 부착장소의 경우 약도와 사진 첨부(현수막은 재정선거법 참조) 5. 연설차량 직접 제작 고려
		○ 전화홍보팀은 전화홍보 뿐 아니라 조직의 활동상황도 크로스 체크할 수 있음 4. 명단관리시스템 구축(조직과 협조)

구분	항목	점검 사항
언론·홍보	홍보물 최종 점검 및 인쇄 준비 완료	1. 현수막 등 샘플점검 및 안 결정 후 제작 돌입 2. 각종 홍보물의 최종안 확정 3. 교정쇄 및 인쇄소 점검 4. 정당 후보자의 경우 인쇄 개시
	방송원고 작성	1. TV 라디오 용
	유세문안 작성	1. 연설문 확정(지역별/종류별/연령별/공약별) 2. TV유세(반드시 비디오 촬영녹화 검토)
	출마선언 이벤트	1. 장소 2. 기자회견문 3. 보도자료 3-1. 후보자 상세이력서/요약이력서 3-2. 출마동기 3-3. 행정철학 3-4. 정책·공약
	TV 및 단체토론 준비	1. 토론가이드 2. 리허설
	중앙당보 배포	1. 지역판 특집 1차 배포
	전화홍보 가동	1. 1차 : 당원 인사 중심
	SNS 홍보가동	1. 대화방 오픈 예고 및 가입 유도

일정	담당자	비고
		○ 개정선거법 숙지 2. 미디어광고 로고송 포함
		2. 후보가 자신의 연설장면을 녹화하여 직접 볼 경우 상당한 도움이 됨
		○ 기자회견을 전후하여 각 언론사에 보도자료 배포 要 3. 보도자료에는 기사거리가 있어야 하며 기사형식으로 작성하거나 중요한 부분에 밑줄 등을 그어 눈에 띄게 함
		2. 리허설 때는 방송용 카메라 앞에서 하는 것이 효과적임
		○ 유권자관리 프로그램 확보

3단계 :   년   월   일 (D-1까지)

구분	항목	점검 사항
언론 · 홍보	홍보물 및 원고 제출	1. 경력방송 원고 제출 2. 법정 1 · 2차 홍보물 제출
	현수막 게첨	1. 선관위 검인 후 게첨 2. 현수막 벽보 등 교체
	정당 홍보물 배포	1. 특별 당보 2. 당원용 8페이지 홍보물 3. 기타 당원 교육용 홍보물
	홍보팀 풀 가동	1. 전화홍보 1-1. 대세론 전파 1-2. 당원 지지자 : 투표당부 1-3. 부동층 : 지지 유도 2. SNS 홍보 1-1. 젊은층 대상 지지도 제고 3. 외지인에게 하루 전화 5통 캠페인
	유세전략 점검	1. 지역별/집단별/직능별
	언론대책	1. 출입기자 관리 2. 보도자료의 지속적 배포 2-1. 후보자 일정 2-2. 주요 특기사항 2-3. 청중수/반응 등 지속적 배포
	당선사례 준비	1 . 현수막 게첨

일정	담당자	비고
		2.1차 – 벽보/공보/부재자용 책자형 인쇄물 2차 – 매세대용 책자형 인쇄물
		1. 선대본 발대식 전 게첨 2. 교체는 최대한 신속히 이루어 져야 하며 　특히 고의 훼손 여부 점검 要
		1. 선거인명부 활용 결과물 조직으로 이관, 　부동층 분류 집중 홍보
		○ 언론대책팀은 취재기자 뿐 아니라 사진기 　자와의 관계 설정이 중요 ○ 보도자료 배포시 또는 평상시에 항상 　후보자의 사진이 잘 나오 도록 요청

● 조직

1단계 : D-40까지

구분	항목	점검 사항

조직	선거조직
	정비계획
		1. 단위지역팀 : 읍/면/동1활동장 관리
		  1-1. 유세동원 책임자
		  1-2. 선거당일 책임자
		  1-3. 투/개표책임자 →조직 3원화로 다양화
		2. 청년팀 : 청년조직 관리
		  2-1. 조직관리팀
		  2-2. 청년기동대
		  2-3. 이벤트팀
		3. 여성팀 : 직능/학연/혈연관리
		4. 라이프 스타일팀(동호회 조기축구회 등)
		5. 유세팀(업무별 담당자 선정)

	자원봉사팀
	운영
		1. 자원봉사단 운영팀 구성
		2. 자원봉사단 활용 및 인력운용 계획
		3. 자원봉사자 확보
		  3-1. 후보자 및 배우자의 친지 동문 친우
		  3-2. 청년조직 구성시 지인의 자녀 또는 자녀의
		     친구 활용

일정	담당자	비고
		중앙당직자 활용방안 마련

2단계 : (D-17까지)

구분	항목	점검사항
조직	선거구민 명부확보 및 구역화	1. 선거구민의 DB 구축(지역별 분류) 2. 선거구민의 ABC등급분류 3. 취약지역 분류 4. 직능 자생단체 현황 및 주요간부 명단파악
	권역별 거점확보	1. 후보자 관련 각종단체 임원사무실 또는 친지 등 지인의 사무실 활용 2. 이·미용원, 식당, 목욕탕, 다방, 주점, 복덕방 등 다수인이 왕래하는 자영업소의 주인과 종업원을 거점으로 확보 3. 거점과의 잦은 접촉으로 친밀감 증대 4. 자원봉사자화 유도
	조직정비 및 관리	1. 현조직 1차 점검 및 신규 조직책 선정/보완 2. 선거핵심참모진 보완 및 선대위 확대 3. 당원교육(업무분담 지위 활동영역 등) 4. 당원단합대회

일정	담당자	비고
		◇ 호별방문 금지로 인해 합법적으로 호별방문 가능한 인력의 적극활용 필요 ex) 보험설계사 어린이 교사, 각종 배달원 등

구분	항목	점검 사항
조직	하부조직확보 및 선거체제화	1. 지역별 실무진 구축 2. 거점확보(미용실 외판원 등) 3. 자원봉사자 모집 4. 당원모집
	선거조직 가동조직	1. 지역별 정책.공약결정 및 여론확산 2. 지역별 · 조직별 · 사람별 선거준비/운동지침서 작성
	당원의 소집단화 추진	1. 투표구 협의회장 중심 후보자 공개여론화 2. 당원대상 사랑방 좌담회 형식의 소집단화 시작
	전반업무 매뉴얼화 마무리	1. 선거운동 전반의 매뉴얼화 마무리 2. 신규 운동원에 대한 매뉴얼 교육
	청년기동대 구성	1. 불법 선거활동 감시 2. 유사시 비상출동 3. 이벤트업무
	구전홍보팀 구성	1. 여성운동원 중심으로 구성 2. 합법적으로 호별방문 가능한 자 3. 지역별 거점
	유세팀 구성 및 교육	1. 정당 · 후보 연설회시 2. 공개 장소에서의 연설 · 대담시
	회의정례화	

일정	담당자	비고
		◇하부조직 확보는지속적으로 이루어짐 ◇ 상근조직원의 확충 및 사전교육 ◇ 조직원의 비상연락망
		◇ 하부조직 확보는 지속적으로 이루어짐 ◇ 상근조직원의 확충 및 사전교육 ◇ 조직원의 비상연락망
		◇ 조직원에 대한 지속적인 교육과 실전배치 -. 당원 : 집체교육 -. 자원봉사자 : 소집단교육
		◇ 대화식설명/대화식몰이
		◇ 최소인원 별도구성 구전홍보팀 자원봉사자의 수시지원
		◇ 조직규모에 따라 형식조정

3단계 : D-1까지

구분	항목	점검 사항
조직	선대본 발대식	1. 전조직원 참가독려
	조직팀 풀가동	1. 구전홍보팀 1-1. 홍보 및 유세참가팀 2. 청년기동대 2-1. 타후보 불법사례 적발 2-2. 부동층 공략이벤트 마련 3. 지역별 조직 3-1. 부동층 집중공략 3-2. 지지표 굳히기
	취약지역/대상 별 특별대책 시행	
	유권자분석에 따른 최종득표 전략실행	1. 예상득표수 분석 2. 잔여목표 득표달성을 위한 최종전략실행

일정	담당자	비고
		◇ 참가자 대상 임무점검 및 독려
		◇ 선거인명부활용 –. 권역별분류 성향분석 선거활용 –. 부동층 분류 집중공략 ◇ 조직원 종반활동 : 저녁시간집중

● 사무

1단계 :   년   월   일까지 (D-40까지)

구분	항목	점검 사항
사무	사무실 비품확보	1. 책상, 복사기, 팩스, 컴퓨터, 전화기, TV, VTR 등 비품확보 2. 소모품 등 각종 거래처 결정
	사무업무 운영팀 구성	1. 총무팀 구성 : 문서수발 및 전반업무 2. 회계팀 구성 3. 관리팀 구성 : 사무실 연락소 차량 및 요원관리 4. 비서 및 상황팀 확보 5. 만원접수팀 구성

일정	담당자	비고
		1. 임대 가능 여부 확인

2단계 :　　　년　월　일까지 (D-17까지)

구분	항목	점검 사항
사무	선거 관련 양식 및 도서준비	1. 등록서류 및 선거일정관련 서류 2. 선거운동관련 양식 3. 선거법/시사잡지 등의 도서 4. 각종 일간지 및 주간지
	선거 상황실 설치	1. 선거운동 상황판 설치 　1-1. 주민분석표 　1-2. 세부단위별 우열 분석표 　1-3. 일일 일정 및 선거운동 상황 알림 등 고시 　1-4. 일일 선거운동 수칙 공지 2. 선거용 지도 작성 　2-1. 순방지역 표시 　2-2. 취약지역 표시 　2-3. 중복순방 지양 3. 타후보 사무실 차량 등 필요사항 파악 4. 지역별 조직 활동상황 접수기획팀으로 인계
	선거인 명부 복사인수	
	민원팀 가동	1. 민원팀 본격 가동 2. 민원 접수 및 처리

일정	담당자	비고
		3. 개정선거법숙지
		◇ 선관위 신청

3단계 : 년   월   일 (D-1까지)

구분	항목	점검 사항
사무	후보등록	1. 별도체크
	법정선거업무	1. 선거인 명부 누락자 등재 신청 2. 투표용지 가인정당 대리인 신고 3. 선거인 명부 사본 교부 4. 선거책임자신고 5. 부재자 투표 참관인 신고 6. 부재자투표 참관 7. 투개표 참관인 신고 8. 투개표준비
	선대본 발대식 개최 이벤트	1. 다과, 음료, 떡 등 제공 2. 참석자 확인 : 핵심당직자 참모 운동원 3. 음향시설 준비, 당가, 로고송 방송 4. 후보인사 격려사 등으로 이벤트화
	당선축하연준비	1. 선거운동원 등 2. 관련기관 방문 계획 마련

일정	담당자	비고
		3. 교부신청 7. 투개표 참관인 신청

민주당이 이기는 법
가치 선거 매뉴얼

1판 1쇄 인쇄 . 2022년 4월 19일
1판 1쇄 발행 . 2022년 4월 26일

글 . 홍종학
펴낸이 . 이희선
펴낸곳 . 미들하우스
주소 . 서울특별시 종로구 삼일대로 461 SK허브오피스텔 102동 805호
전화 . 02-333-6250
팩스 . 02-333-6251
등록일 . 2007. 7. 20
등록번호 . 제313-2007-000149호
ISBN 978-89-93391-30-5
표지 및 본문디자인 . 이희선
인쇄 · 제본 . 영신사
값 . 10,000원